持たざる経営の虚実

日本企業の存亡を分ける正しい外部化・内部化とは？

フロンティア・マネジメント代表取締役
松岡真宏

日本経済新聞出版社

はじめに

平成の30年余、日本の企業経営者の心を捉えて離さなかった「持たざる経営」や「選択と集中」という、ある種の減量経営的なスローガン。本書は、このスローガンの呪縛から解き放たれることを目的としている。それこそが、今後の日本経済の成長には不可欠だからである。

振り返ると、１９８９年に平成の世が始まり、時同じくして日本経済のバブルは頂点に達し、その後、崩壊した。日本経済にとって平成の世は、バブル経済というユーフォリア（多幸感）から現実に目覚めさせられる時代であった。それは、大打撃を負った日本経済を再生する時代でもあった。ここで言う再生とは、金銭面、経済面だけでなく、我々の精神性における立ち直りも含んでいる。

日本の各企業はバブル崩壊後、「持たざる経営」や「選択と集中」という掛け声の下に、不採算事業や遊休不動産を切り離し、必死に収益を改善させた。実際に日本企業全体の現在の経常利益総額は平成元年の2倍近い水準となっており、その経営努力は、素晴らしい実績を挙げていると言える。

しかし、それは手放しで喜べる話でもない。同時に、この30年間で、日本経済のダイナミズムは失われてはいないだろうか。筆者が危惧しているのはそこである。

「持たざる経営」というスローガンは、企業による設備投資や在庫投資の自重につながった。詳しくは本文に譲るが、現在の日本企業全体の設備投資総額は、平成元年と比較して30％も低い水準にある。「選択と集中」で新規事業や多角化事業が控えられたため、日本企業全体の売上高も同年と比較して横ばいにとどまっている。

新しい元号に切り替わる2019年は我々日本人にとって変化の年である。西暦で見ても、2020年は10年サイクルのひと区切りになるし、東京オリンピックの年でもある。2019～2020年は、我々にとって心理的に大きな節目の年と言える。

我々はそろそろ、精神的にもバブル崩壊後のパラダイムから抜け出す必要がある。

世界の主要企業は、積極的に優秀な人材を確保し、既存事業の拡大だけでなく、新しい領域への進出に前のめりで邁進《まいしん》している。「時間を買う」という意味で、自国内だけでなく、国を跨《また》いだM＆A（合併・買収）や資本業務提携も、かつてないほど積極化している。

日本企業はどうだろうか？

「持たざる経営」は、もともとは保有している不動産などの資産を「持たない」ことだけだった。しかし、その後、多くの日本企業は「持たない」対象を、不動産などの資産から広げてしまった。新しい事業や多角化事業を「持たない」ことにし、経営者として重要なリスクをとるという意志も「持たない」ことにしたようだ。

「選択と集中」という言葉は「将来的にその分野の業界1位か2位になれる事業だけに絞り込む」という意味だった。しかし、「本業だけに集中する」という意味に誤訳され、経営者の手足を縛った。他社との統合や資本業務提携は回避され、異なる企業同士の化学反応から得られるダイナミズムは、日本経済の本来の潜在力からはかけ離れた低位にある。

新しい事業を始めることは悪いことではない。

同業との統合、仕入先との業務資本提携、販売先の買収。これらはいずれも重要な意味ある戦略だ。加えて、新規事業に投資する際に問われがちな既存事業とのシナジーの有無は、必ずしも最重要事項ではないこともある。シナジーの有無に拘泥《こうでい》して、飛躍のチャンスをみすみす逸している日本企業のいかに多いことか。

２０１９～２０２０年という節目の年こそ、日本企業は「持たざる経営」や「選択と集中」の鎖を解き外し、果敢に将来の収益のアップサイドを仕込むべきである。

講道館柔道の創始者である嘉納治五郎は、「伝統とは形を継承することを言わず、その魂を、その精神を継承することを言う」という言葉を残している。

少なくない日本企業では、法人格としての企業を残すことに汲々《きゅうきゅう》とし、他にたくさんある重要なものが置き去りになっている。企業としての残すべき魂や精神とは、法人格ではない。現時点の本業という「かりそめの本業」でもないだろう。

日本企業や日本のビジネスパーソンは、いつしか萎縮した思考に支配されてしまった。本書ではここから抜け出すことを目的とし、4章立てで企業やビジネスパーソンの今後について議論していきたい。

第1章は、平成の時代に大流行した「選択と集中」という言葉がいかに誤訳されて、日本経済に負の側面をもたらしたかについて論じる。第2章では、「選択と集中」が大流行する中で軽視されたコングロマリット（複合企業）戦略について、再度光を当てる。

第2章の後半から第3章にかけては、「取引コスト」という概念を使った議論を展開していく。「取引コスト」とは、企業と企業、企業と個人の間の経済的取引に伴って発生する手間のコストであり、今後の企業経営で重要な要素になってくる。ただし、第3章は、「取引コスト」とM&Aという多少専門的な内容のため、興味が湧かない読者は読み飛ばしていただいても構わない。

第4章は、収益性が引き上がった現在の日本企業の進むべき道について様々な角度から論じる。「持たざる経営」の逆張りとなるが、貸借対照表《バランスシート》（B／S）を積極的に使い、本業以外の機能や事業を積極的に社内に取り込んで自ら執行する「プリンシパル化」について詳述する。

どんな薬も万能薬にはなりえない。「持たざる経営」や「選択と集中」という薬が身体に合う企業もあるだろう。特にグローバルで活躍する一部の企業は、その方向でよいと思われる。

しかし、これらの戦略が合致する日本企業は実際にはごくひと握りなのである。身体に合わない薬を飲み続ける必要はない。本書は、ひょっとすると、読者の皆さんの企業に合う薬かもしれない。

節目の年に、新しい時代が始まる可能性を求めて。

２０１９年１月

フロンティア・マネジメント株式会社　代表取締役　松岡真宏

持たざる経営の虚実［目次］

第2章 コングロマリットの再評価と取引コスト

第3章 M&Aの成否は取引コストで決まる

第4章 なぜ、経営のプリンシパル化が必要なのか

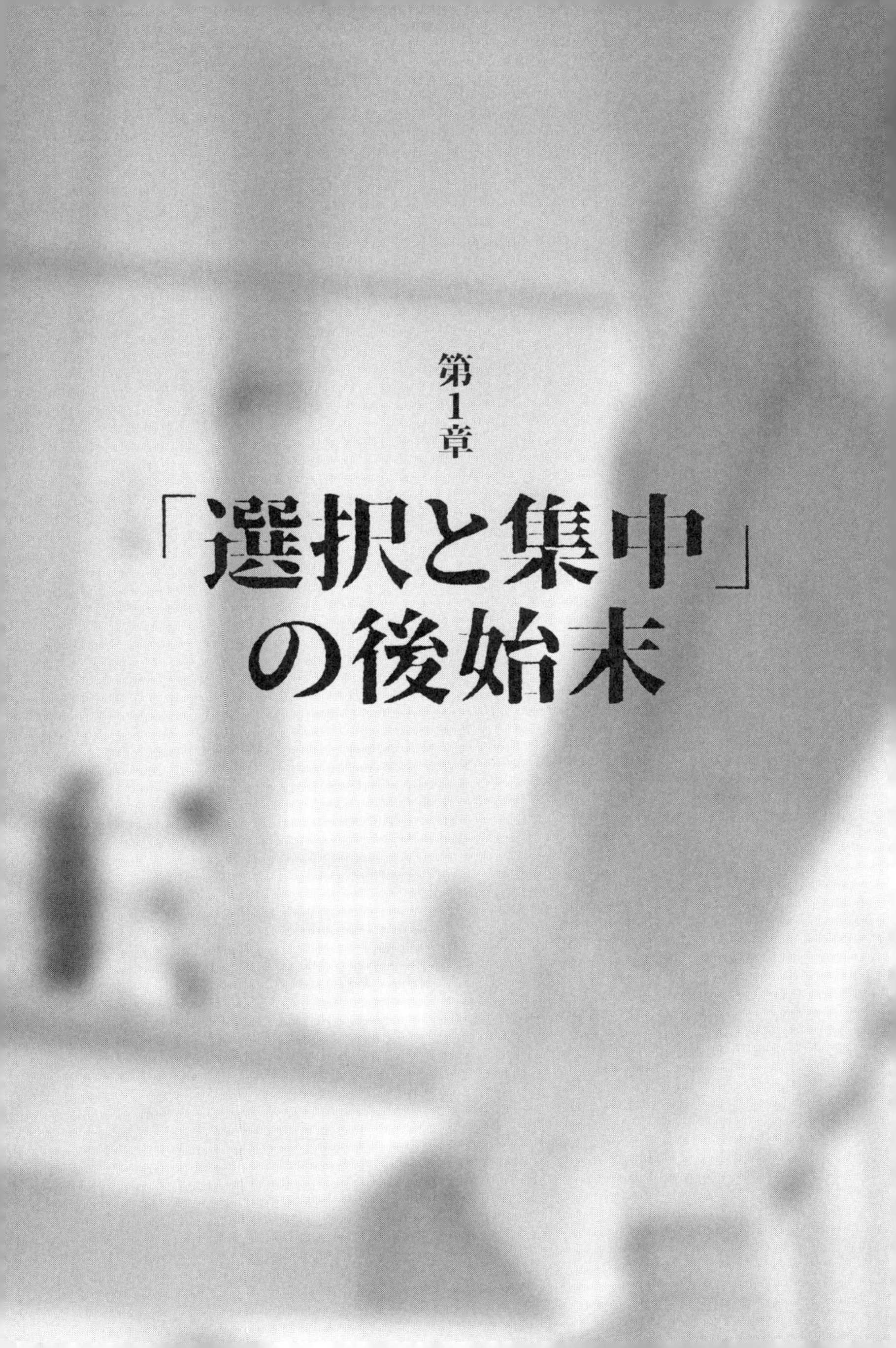

第1章

「選択と集中」の後始末

1 「選択と集中」という大いなる誤訳

【イタリアンレストランの運営に進出した道路舗装会社】

日本で「選択と集中」という言葉が一般化したのはいつごろからだろうか。

今では、当たり前のように使われているこの言葉。上場企業の有価証券報告書を見ても、自らの戦略を説明する枕詞として、普通に使われている。マスメディアでも、企業戦略を説明する際、一般的に使われている。

「選択と集中」という言葉は、おおむね「本業以外に手を広げてきた企業が、本業に集中する」という共通理解で使われてきた。

筆者は、1990年4月に野村総合研究所に入社し、証券アナリストの見習いとなった。その3カ月前となる1989年の年末、日経平均株価は4万円近い史上最高値を付け、翌

1990年の年明けから下落の一途をたどることになる。それでも当時、日本全体はある種の高揚感に包まれていた。

日本における企業研究や産業調査の先端を担っていた野村総合研究所でも、1990年代初頭、社内で「選択と集中」という言葉が使われていた記憶は、まったくと言っていいほどない。日本企業が「選択と集中」をしなくてはならない状態だという考え方は稀だった。いや、そもそも、「選択と集中」という言葉自体、誰も知らない段階だった。

ジャパン・アズ・ナンバーワンと言われ、名実ともに世界を席巻してきた日本企業。1990年からの景気後退は、ちょっとした躓《つまず》きだ。しかも、日本の産業の問題ではなく、金融市場や不動産市場の問題に過ぎない。底力のある日本は、これを踊り場として、さらなる高い成長を目指す。こんな論調が社内で多数を占めていたように記憶している。

当初、建設・不動産チームに配属となった筆者は、新人アナリストとして、日本鋪道（現NIPPO）や大成道路（現大成ロテック）など上場している道路舗装会社の調査を担当した。道路舗装会社にとっての本業は、文字通り〝道路を舗装する〟ことだ。ただし、多角化事業として、各社は住宅開発やゴルフ場開発ばかりか、イタリアンレストランの運営へも進出していた。

むろん道路舗装会社によるレストラン経営はバブル時代のあだ花以外の何者でもないが、

そんな多角化が実現するほど、各社の経営戦略はアグレッシブだった。筆者自身も、道路舗装会社では「多角化」が大きな問題で、「選択と集中」をしなくてはならないという認識はなかった。先輩アナリストからも、同様の指摘はなかった。

道路舗装という公共事業中心のビジネスに頼っていては未来がないから色々な事業へ進出しなくてはならない、という〝気〟が蔓延していた。むしろ、新規事業に進出することで、将来の利益成長率も上がるのではないか。そんなふうに考えられていた時代だった。

日本で「選択と集中」という言葉が広く紹介されるようになったのは、１９９０年代後半からである。もともとの概念自体は、50年以上前にオーストリアの経営学者ピーター・ドラッカーが生み出したと言われている。

ただし、少なくとも、この言葉が日本で広まったのは、ジャック・ウェルチという米国人の名前が広く日本でも知られるようになるのと軌を一にしていた。

言わずもがなだが、ウェルチは、１９８１〜２００１年の約20年にわたり、ゼネラル・エレクトリック（ＧＥ）のＣＥＯ（最高経営責任者）に君臨したカリスマ経営者である。その優れた経営手腕から、「伝説の経営者」とも呼ばれ、日本のビジネスパーソンにおける人気も高い。ウェルチに関する著書が、１９９０年代後半に日本でベストセラーとなり、「選択と集中」という言葉が一気に広まった。

とはいえ、この時にウェルチが示したのは「ＧＥのすべての事業は、将来的にその分野における業界ナンバーワンかナンバーツーになるものだけにする必要がある」という考え方に過ぎなかった。多角化を否定するものでも、リストラを推進するものでもなかった。ここから、いわば誤訳の歴史が始まったのである。

「選択と集中」という言葉を最も多く使ったのは東芝

実際、日経テレコン21で「選択と集中」というキーワードで検索してみると、この言葉がいかに急速に広まったかが分かる。

１９８０年代の10年間では、「選択と集中」という言葉が用いられた主要新聞（業界紙を含む）の記事の検索結果は、わずか5件に過ぎない。その記事のほとんどは、米国における企業のリストラクチャリング（再構築）を伝えるものであり、日本企業に直接言及するものではない。あるいは、経済学者による「経済教室」といった寄稿コラムで使われるなど、アカデミアの話であった。

その後も、１９９０年代後半までは、「選択と集中」というキーワード検索でヒットする記事は極めて限られていた。90年代に入り、徐々に件数は増えてきてはいたものの、それらの記事は、東芝、キヤノンなどグローバルでビジネスをしている企業の戦略についてのもので、日本企業全体に示唆を与えるような内容は見当たらない。日経テレコン21の検索結果を見る限り、東芝が最も頻繁、かつ積極的に「選択と集中」という言葉を使用していたように見受けられる。

図1に見られるように、「選択と集中」という言葉を使用した記事数は、1998年から増加し始め、1999年から爆発的に増加することとなる。

90年代後半に何が起こったのだろうか？

答えは1999年9月。この時創設された日経フォーラム「世界経営者会議」というイベントにあった。同フォーラムのホームページを見ると、「(同フォーラムは) 優れた実績をあげたグローバル企業のトップが集まり、企業戦略や経営哲学、経営の最新トレンドについて議論する国際会議です。1999年の創設以来、数々の著名経営者が参加し、今ではアジアを代表するイベントに育っています」とある。

第1回となる1999年の参加者の1人に、GEのジャック・ウェルチがいた。そこでのウェルチのコメントが「選択と集中」という見出し付きの記事になり、翌10月以降、「選択と集中」というキーワードが入った記事が急速に増加することとなった。

年	件数
1990	3
1991	6
1992	9
1993	28
1994	30
1995	22
1996	33
1997	79
1998	254
1999	1144
2000	1232
2001	1167

出所：日経テレコン21

図1 「選択と集中」という言葉の新聞記事登場回数

ウェルチの言葉は福音だった

1990年代後半、山一證券や日本長期信用銀行など、日本を代表する大手金融機関の経営破綻が相次いだ。これらを契機に本格的な金融危機が起こり、日本全体で景況感が急速に悪化した。

金融機関各社は自らのバランスシートの圧縮すなわち保有資産の整理を迫られ、日本において一般的に使用されてきた事業会社同士での企業間信用（金融機関を介さない手法）も同様に圧縮を余儀なくされた。

こうした惨状を目の当たりにした日本の各事業会社は、バブル時に膨らませたバランスシートを減量する必要に迫られた。事業会社の経営者にとってみれば、過去の拡大志向戦略から大きく舵を切り、不採算事業を切り捨てる必要が出てきたのだ。

経営者は、なかなか自らの戦略を転換することが難しい。

それは、過去の意思決定を否定しなくてはならないからだ。誰しも、過去の自己否定をすることは難しいものだ。そんな折、当時、世界的なカリスマ経営者であったウェルチの「選択と集中」という言葉が日本で紹介され、一大ブームとなる。

実際のウェルチは、「多角化をせずに、本業や祖業に集中して、それ以外を処分しろ」という意味では「選択と集中」という言葉を使っていない。ＧＥのＣＥＯ時代には、多くの多角化投資を行った。最近でこそ、ＧＥは金融事業から撤退したり、ヘルスケア事業の分離が報じられたりするなど、日本で言うところの「選択と集中」を行っている。とはいえ、ウェルチ時代のＧＥは、既存事業と必ずしも直接のシナジーがない投資も積極的に敢行していた。

今になって見れば、１９９０年代後半という特殊な局面の日本において、ウェルチの「選択と集中」という言葉は、バランスシートを圧縮させなくてはならない日本の経営者にとって、福音として〝誤訳〟されたまま流通したところがあるだろう。

「自分のみならず多くの日本の経営者が崇拝してやまないカリスマ経営者、ＧＥのウェルチ様。あのウェルチ様が、『選択と集中』という言葉をお使いになって、不採算事業を整理して、本業に特化しろとおっしゃっている。やはり、自分（あるいは先代）が行ってきた拡大戦略に、そもそも無理があったのだ。だから我が社は窮境に陥っているのだ。ウェルチ様の仰せのとおり、我が社も『選択と集中』を行います」と、多くの悩める経営者たちは、不採算事業から撤退し、バランスシートの圧縮を始めた。

ウェルチの「選択と集中」という言葉は、日本の経営者にとって、過去の拡大戦略の失策を大幅に転換するための免罪符として、大きな威力を発揮した。過去の戦略の結果として不採算になっている事業を切り捨てるのは、プロパー役職員の塊である多くの日本企業にとって決して容易なことではない。それをある種ご破算にして、ゼロクリアすることを許す免罪符こそが、「選択と集中」というフレーズであった。

加えて、「選択と集中」という誤訳された言葉は、経営者が新たに本業以外に取り組む意識を希薄化するフレーズとしても流布していった。これは、経営者にとって、「新しい事業を意識的に考え、その成否を検討して、リスクをとって投資する」という基本的なリスクテイクの仕事を積極的にしなくてもよい、というお墨付きが与えられたにも等しい。

イギリスの経済学者であるジョン・メイナード・ケインズは『雇用・利子および貨幣の一般理論』の中で、「アニマルスピリット」という語を用いて、企業家ら人々の投資行動の動機となる主観的な期待の重要性を説いている。ケインズは、多くの合理的動機だけでなく、必ずしも合理的には説明できない不確実で主観的な心理（＝アニマルスピリット）が、経済の発展にとって不可欠であると主張している。

誤訳された「選択と集中」に囚われた少なくない日本の経営者たちは、元来備わっていたアニマルスピリットを体内から放出し、リスクテイクという行動規範を捨てた。そして、過去の拡大戦略を懺悔し、改めた。それはあたかも明治維新政府が江戸期のすべてを否定するように、終戦直後の日本が戦前のすべてを否定するように。

自分自身の戦略か、諸先輩方の戦略か、いずれでも構わない。過去を否定するための免罪符が日本の経営者に与えられた瞬間だった。

これこそが、１９９９年にウェルチが日本で講演をしたことによる強烈なインパクトの産物であり、特別な時代が作り出した大きなムーブメントだったのだ。

【投資家目線の強まりとシンクロ】

金融危機後に生き残った金融機関は、例外なくバランスシートの圧縮を迫られ、事業会社との株式持ち合いの解消に動いた。一般事業会社も、この時期を境に、取引先など事業会社との持ち合い解消をスタートさせた。

ニッセイ基礎研究所は、この時期における上場企業の株主構成の変化と、それが企業行動に与える影響について新田敬祐氏による興味深いレポートを発表している。調査対象は、１９８０年代後半から２００６年にかけて、東京、大阪、名古屋の三市場における一部上場企業の株主構成である。

このレポートによれば、１９８０年代後半から一貫して、上場企業の株主に占める持ち合いの比率（事業会社、金融機関両方を含む）は14～15％の水準を維持していた。しかし、北海道拓殖銀行などの破綻に端を発した金融危機直後の１９９８年に初めて14％の水準を下回った。その後、一貫して、この比率は低下傾向をたどり、２００３年にはついに10％を下回ってしまった。

金融機関が保有する上場株式には、持ち合い株式として認識されないものもある。上場企業の株主に占めるこの比率は、１９８０年代後半から１９９８年までは５～６％台半ばだった。しかし、１９９９年には５％を切り、２００６年には２％台となった。

逆に株主構成でメキメキと上昇してきたのは、機関投資家である。上場企業の株主に占める比率は、１９８０年代後半は10％を下回る水準だったが、１９９３年に初めて10％を上回り、２００５年には20％を上回る水準まで上昇した。

このレポートがさらに興味深いのは、株主構成が変化した際に、当該企業の資産効率がどのように影響を受けるかということの実証研究が行われている点だ。具体的に言えば、持ち合いが１％ポイント増えた際に、ＲＯＡ（Return On Assets ＝総資産利益率。本レポートでは営業利益を分子、総資産を分母で算出）が何％ポイント上下するか、という分析である。

金融危機が発生した１９９７年から10年間を分析すると、株式持ち合いが１％ポイント上昇した場合に、当該企業のＲＯＡは０・０１７％低下する。同様に、上述の持ち合いを除いた金融機関の株式保有の場合にも、ＲＯＡは０・０２１％ポイント低下するという結果が出ている。一方、機関投資家の保有比率が１％上昇すると、ＲＯＡは０・０１１％同様に上昇するという結果となっている。

もちろんこれは、卵が先か鶏が先かという話でもある。ＲＯＡを上げられる企業を機関投資家が見つけて投資するから、機関投資家の保有比率とＲＯＡの上昇に正の相関があると言えなくもない。一方、今までサイレント株主だった金融機関などの持ち合い株主が大幅に減り、機関投資家の持ち株比率が上昇したことで、企業経営者へのけん制が働き、結果としてＲＯＡが上昇した可能性もある。

いずれにしても、ここで指摘しておきたいのは、１９９０年代後半に日本の経営者を取り巻く株主構成に大きな変化が起きたことである。そして、その変化は、経営者にとって「選択と集中」という考え方を受け入れやすい土壌を形成したということも。

機関投資家から見れば、10年後を見据えた戦略のために多額の経営資源を使うことはなかなか理解しづらい。多くの機関投資家にとっての興味は、当面数年といった時間軸であり、それ以上先のことのために余分なことはしなくてもよい、というスタンスになりがちだ。筆者も証券アナリストとして活動し、機関投資家をクライアントとしていた時期があるので、この視点の重要性は十分に理解できる。

一方、企業は長期的な成長・存続を1つの目的として動いている組織である。そのため、ここ数年の利益も必要だし、10年以上先を見据えた戦略も必要だ。企業経営者は、10年先の企業の姿をステークホルダーにしっかりと伝えていくことも必要なのである。

機関投資家によるけん制は当然のことであり、本来は企業経営に良い影響を与えると考えられる。しかし、機関投資家に正しく対峙する準備が十分にないままに、株主構成が大きく変わってしまったことで、日本の経営者は「選択と集中」を必要以上に取り入れ、長期プランや新規事業開発に踏み込むことを躊躇している。

そもそも、企業という存在の捉え方が、投資家と経営者では異なる。どちらが正しいのかということではなく、それぞれが求められているタスクによって、異なって捉えられる存在こそが、企業なのである。

投資家は注目した企業の分析を行い、その企業の株価が低位にあると判断すれば、その株式を購入する。逆に、これ以上の上値はないと判断すれば、その株式を売却する。分析や株式の売買を通して感じる〝企業〟という存在には、時間軸や空間はない。

筆者も今から考えると、証券アナリストをしている時にこれに近い感覚を持っていたし、この感覚で客観的に企業を分析し、株式売買をすることは重要だと今でも思っている。他方、後に証券アナリストを辞めて産業再生機構に入社した時の大きな感覚の変化は、企業が持っている圧倒的な時間軸と空間、すなわち「時空」の大きさであり、質量であった。外部者《アウトサイダー》として企業分析を行い、その企業の現状が芳しくないと判断したとき、機関投資家であればその株式を売却すればよい。企業業績を改善させていくプロセスにおいて、企業の持つ時空や質量を感じる必要もない。いわゆる当事者意識は不要だ。

ところが経営者の感覚はまったく異なる。現状が芳しくないと判断したとき、不振部門の改善や不要資産の売却など様々な手を講じる必要がある。その際には、従業員や取引先、地域など、様々な人との論点が噴出し、経営者はいやというほど〝企業〟が持つ時空や質量を感じる。実体が重くのしかかってくるのである。

経営者から見た企業は、バランスシート上の設備や資産・負債を保有する主体だけでなく、従業員という人の塊でもある。知的財産や契約の塊でもあるし、多くのステークホルダーに支えられた存在だ。ステークホルダーは当然のことながら、長い時間軸で物事を考えるし、少しの戦略の変更が関係者に与える影響は少なくない。

つまり、筆者の日々の経験からしても経営者から見た企業とは、物理的な時空そのものになっていると思われる。そして、多くの経営者が自ら信じている役割の1つは、企業の時間軸を少しでも長くし、活動領域を広げることであり、時空そのものを押し広げ、質量を高めることでもあるのだ。

2

「選択と集中」の虚実
――マクロ的問題点

【日経新聞を生んだ三井物産、ANAを生んだ朝日新聞】

「選択と集中」という名の下の、多角化の否定、本業への特化は、一部の日本企業にとって必要な戦略だった。

特に、自社の能力が十分ではない分野に、十分ではない資金を投じて行った新規事業は、企業価値にとってマイナスの結果を余儀なくされている場合が多く、事業撤退の対象となるのは当然のことであった。失策をしてしまった企業が、戦略を転換して、過去の不良資産を処分するのは、何も特別なことでもないし、当たり前の経営である。

「選択と集中」という誤訳された言葉のおかげで、生き延びられた日本企業も少なくない。過去と決別できた企業も多いだろう。この意味で、「選択と集中」が、誤訳された言葉にせよ、日本経済にとってプラスの効果があったことも指摘しておきたい。筆者自身もこれを全否定することが本書の目的とは考えていない。

しかし、物事には、プラスとマイナスの両面が存在している。道教などで重要視される「陰陽大局図」にも見られるように、陽と陰は常に同居しており、陽の程度が大きければ、陰の程度も同様に大きい。「選択と集中」が日本経済にもたらしたプラス効果が大きければ大きいほど、マイナスの効果も大きいはずである。

そこで、あえて本書では、「選択と集中」の〝陽〟ではなく、〝陰〟の部分に触れたい。この誤訳された言葉によって、日本の経営者がどのような行動パターンをとり、それが日本経済にどのようなマイナスの影響を引き起こしたかという視点である。具体的には、マクロ、ミクロ、といった二種類の〝陰〟とも呼ぶべき問題が生じている。

まずは、「選択と集中」が抱えるマクロ的問題を考えよう。

それは、前述したように、日本の経営者がリスクをとらなくなることで、日本にとってのインキュベーション（揺籃）機能が喪失したことである。マクロ的な経済全体の牽引役として、新たな企業や新たな産業の創造は必須だ。しかし、企業のインキュベーション機能が失なわれたことで、日本経済全体の牽引役も霧消してしまった。

歴史的に、日本においては各事業会社が、ベンチャーキャピタルのように、新たな事業を生み出し育てることで産業の厚みを作り、経済全体を牽引してきた経緯がある。

実際、大手事業会社や大手商社は、その傘下に数百社単位の子会社・グループ会社を抱えていて、ある種の巨大な疑似ベンチャーキャピタルとなっている側面がある。ソニーや野村ホールディングスは、それぞれ1000社以上のグループ会社を保有している。ベンチャーキャピタルは資金と助言を提供するが、事業会社であれば資金と助言以外に人や取引先を提供するなど、より手厚い育成プロセスのサポートも可能である。

企業の新規ビジネス投資と聞くと、最近ではシナジー効果重視のため、既存事業の延長線上のビジネスに固執するきらいがある。しかし、歴史的に見れば、既存事業とはまったく異なる業務を新規ビジネスとして行うことが、それほど稀ではなかった。むしろ、各企業の新規ビジネス戦略が最終的には新たな企業を生み出し、生み出された企業が日本経済において大きな存在へと飛躍している事例が少なくない。

例えば、古い事例では、本書出版元の親会社、大手経済メディアである日本経済新聞社がある。

同社はもともと、1876年に三井物産のある部署で産声を上げた。三井物産の中外物価新報局という単なる一部門で発行する社内報「中外物価新報」として創刊された同社の前身は、35年後の1911年に三井合名会社（三井財閥の持ち株会社）の100％子会社となった。その後、1941年に三井グループから離れて独立系となり、戦後に巨大メディアグループへと急速に発展していく。

逆に、大手メディアから生まれた大企業もある。全日本空輸（ANA）が好例だ。飛行機に乗る際、フライトの便名を見て違和感を持った読者はいないだろうか。日本航空（JAL）の場合は便名が「JL○○○」なのに対し、ANAでは「NH○○○」となっている。なぜ「NH」を使うかというと、ANAの前身の社名「日本ヘリコプター輸送（Nippon Helicopter）」に由来しているからだ。日本ヘリコプター輸送は1952年に設立されたが、そのルーツは戦前の朝日新聞航空部（報道用のヘリコプターの部署）にある。

ここまで古い事例を持ち出さなくても、企業によるまったくの飛び地型の多角化が一大事業を生み出した事例は枚挙にいとまがない。

筆者は、2003～2006年に所属した産業再生機構で、旧カネボウ、旧ダイエーを担当したが、両社ともに多くのグループ会社を生み出した。

カネボウは、もともとの祖業である繊維事業が先細りになる中、化粧品・薬品・食品など消費財メーカー事業を生み出し、複合企業（コングロマリット）へと発展した。もし、化粧品など消費財事業を始めず、1960～70年代に繊維事業だけに「選択と集中」していたら、はるか昔に法人としての同社はなくなっていただろう。

ダイエーは成長まっただ中の1980年代に、悪名高い大規模小売店舗法が施行されるという不運に見舞われた。自由に出店できないという悪法下で、さらなる成長を模索した同社は、コンビニエンスストアのローソンやカード事業のOMCカード（現セディナ）など、次々と新しい事業を生み出していった。残念ながら、ローソンやOMCカードなどはグループ外に売却することとなったが、もし1980年代にダイエーの祖業である総合スーパーマーケット（GMS）に「選択と集中」していたら、1990年代後半には同社は命運が尽きていたかもしれない。

筆者が得意とする消費・サービス産業以外でも、企業による多角化が新しい企業や産業を生み出した事例は少なくない。我が国を代表する産業の1つである製造業でも同様のことが言える。

富士通の計算制御部から子会社として独立したファナックは、その後、工場の自動化設備に特化したメーカーとして、工作機械用CNC装置や産業用ロボットで世界首位の会社に成長した。プリントシール機の開発・販売最大手のフリューは、オムロンの飛び地型の多角化戦略から生まれた会社である。ファナックはもちろんのこと、フリューも上場会社となっている。

日本のベンチャーキャピタルの調達額は米中の10％以下

日本では、上場している会社（つまり親会社）の子会社が上場することも、かつては頻繁に行われていた。

利益相反の問題を抱えると言われている子会社上場は、他の先進国では事例が少ないが、日本ではしばしば見られ、「親子上場問題」などと言われていた。そもそも日本では少なくないベンチャー企業が、大手事業会社の子会社・グループ会社として設立されている。このため、その子会社・グループ会社が外部から成長資金を得ようとすると、親子上場という状況を生みやすい経済構造となっている。日本電信電話（ＮＴＴ）の移動体通信事業という１つの部門から始まったＮＴＴドコモとＮＴＴの関係などはよく知られているところだろう。

流通業界においてもコンビニ各社や良品計画など大手スーパーの子会社として上場した会社が多い。こうした企業の成長の軌跡を見るにつけ親子上場がただちに問題とは言えないとも思える。

コインの裏返しだが、日本では事業会社がベンチャー企業の誕生・育成の役割を担ってきた一方で、ベンチャーキャピタルの発達が十分な状態ではない。様々な集計方法があるため一概には言えないが、日米中で比較した場合、極端に日本のベンチャーキャピタルの市場規模は小さい。

米国ではベンチャーキャピタルの年間調達額が6兆〜7兆円、中国では4兆〜5兆円と聞く。一方、日本は1桁少ない2000億円弱と言われている。

GDP（国内総生産）など経済規模の違いはあるものの、日本のベンチャーキャピタルの調達額は、米国の3％前後、中国の4〜5％という圧倒的に低いレベルである。もちろん、日本でも、頑張っているベンチャーキャピタルは少なくないが、2000億円という調達額の水準では日本全体のGDPを押し上げる効果は限定的である。

米国や中国のように、いずれは日本もベンチャーキャピタルが年間数兆円単位の調達を行い、彼らから資金調達を行ったベンチャー企業が日本経済全体を牽引する、という未来予想図もあるだろう。実際に、遠い将来、そうなるのかもしれない。

しかし、『ベンチャー白書』などでここ数年のデータを見ても、年間兆円単位でベンチャーキャピタルが資金調達できているのは米国と中国だけであり、日本は年間2000億円を下回るレベルでの推移となっている。日本だけがベンチャー企業が低調ということでもなく、欧州全体でも年間5000億〜7000億円程度の資金調達しかできていない。

むしろ、米国と中国においてだけ、突出してベンチャーキャピタルが大きな存在感を示している状態と言える。

そもそも日本は他の先進国と比較して、極めて中小企業が多い国である。詳しくは第4章に譲るが、中小企業が多い国は、歴史的に起業がしやすい国だったはずだ。最近、政府や各メディアは、日本の開業率は低くて、経済の活力がないという指摘をしている。そして、開業率を上げるために、さらに起業をしやすくすべきだという方向性で政策が議論されている。

しかし、歴史的に、起業がしやすかったからこそ、戦後の日本では起業が相次ぎ、世界で最も中小企業が多い国になった。少し前の日本はいわば起業大国でもあったのだ。

これら中小企業の資本（株主資本）を支えてきたのはベンチャーキャピタルではなく、既存の事業会社である。直接的に子会社やグループ会社の設立という行為を通じて資本提供した場合もあるし、売り掛けや買い掛けといった企業間信用による間接的なサポートの場合もある。

第二次世界大戦では、物理的な会社の建物だけでなく、多くの会社組織が消失した。しかし、戦後から一貫して、事業家や既存事業会社にとって中小企業を設立するインセンティブがあったからこそ、日本では中小企業が続々と生まれ、日本経済全体を底上げすることとなった。つまり、日本はとうに戦後一貫して〝起業しやすい〟国なのだ。そのことを忘れてはならない。

開業率が諸外国と比べて低く見えるのは、分子の問題ではなく、分母の問題である。開業率とは、新規開業社数を分子にとり、既存の総企業数を分母にとって、その割り算で計算する。様々な計算手法があるが、日本の開業率は3～6％と他の先進国の半分程度の水準となっている。

これは、日本において、新規開業社数が少ないからではない。戦後、一貫して〝起業しやすい〟日本では、既に十分に多くの企業が設立されている。このため、開業率を計算する際の分母にあたる既存企業数が他の先進国に比べて圧倒的に多くなっているのだ。

開業しにくい国が、世界で最も中小企業が多い国であるはずがない。「開業が難しい」という事実と、「中小企業が多い」という事実は、両立しえない。背理法の説明で例に使えるほど、この2つの事実は矛盾している。

日本の政策が目指すべきは、開業率の分子である新規開業数のさらなる増加ではない。既存企業で収益を生み出していない企業をスムーズに市場から退出させ、新規開業した企業が無意味な競争を強いられることなく、高収益の企業かつ雇用体として順調に成長していく支援をすることであるはずなのだ。

皆が繁華街に行かなくなると景気はさらに落ち込むという合成の誤謬

前述のように、残念ながらベンチャーキャピタルが日本では十分に機能していない。このギャップを歴史的に埋めてきたのは、日本の事業会社による新規ビジネスへの投資であり、事業会社を経営する経営陣・事業家のアニマルスピリットだった。ところが「選択と集中」という特殊な誤訳は、日本の歴史的な経済のエンジンであった、事業会社による多角化投資や新規ビジネス投資を、意図的ではないにせよ、大きく減速させた。

これは、ある種の「合成の誤謬《ごびゅう》」と言える。

「合成の誤謬」とは、各人の部分最適としては正しい行動が、組織・国といった大きな単位で見ると正しくない方向に向かうことである。

例えば、コンサートが行われている大ホールで火災などの非常事態が起こった時、個人の最適行動としては真っ先に非常口に向かうことだ。しかし、大ホール内の全員がそれを行えば、非常口は大混乱となり、避難活動は大きく遅延することになる。

あるいは、経済全体が不況になった時、個々人の正しい行動としては、週末に繁華街に飲みに行くことをやめて、節約をすることである。しかし、日本全体でそれを行えば、繁華街での経済活動がさらに悪化し、経済全体はさらに落ち込むことになる。

「選択と集中」によって本業に集中することも同様である。

各企業にとっては、多角化や新規ビジネスを控えて、本業だけに経営資源を投じることには、短期的なプラスの効果はありえる。しかし、日本全体でそれを行うと、ベンチャーキャピタルが発達していないこの国においては、ベンチャー企業を生み出して育てるというインキュベーション機能が社会全体で脆弱になることを意味する。

気づけば「選択と集中」は、日本の企業経営者にアニマルスピリットという最も大事なものを失うことを容認する免罪符として、流布された。

タイミングの悪いことに、21世紀に入ってから、日本では社外取締役の導入やコーポレートガバナンス・コードなど、経営の執行担当者が従来以上に説明責任を担わなくてはならない制度が導入された。これらの制度の導入自体は悪いことではなく、中長期的には経営者の規律を維持・向上させ、ひいては企業価値や時価総額を引き上げるような企業経営が日本でも行われることにつながると思われる。

しかし、短期的には、これらの制度への対応が十分にできていない多くの経営者にとって、さらに萎縮した行動パターンをとらせる結果になっている。

自社の業務の中身について必ずしも詳しくない社外取締役に、新規ビジネスや多角化について十分な説明をすることを煩わしいと感じてしまう経営者もいる。千載一遇のM&Aの案件に出会った時も、当該企業の事業性など案件内容を吟味するよりも先に、「これを進めるならば、どうやって社外取締役に説明しようかな?」という思いが頭に浮かんでしまう経営者も少なくないと聞く。

逆に、必要以上に積極的な戦略を推奨する社外取締役も、一定程度は存在するはずである。その際、新規ビジネスや多角化の将来的な責任をとりたくない経営者や執行責任者は、「○○取締役、おっしゃることはよく分かりますし、中長期的な成長戦略もわが社には必要です。しかしながら、少なくとも現時点では、我が社に必要なのは『選択と集中』ですので、社長としての私の信条は本業に特化することだと思っております」などと、「選択と集中」という言葉を免罪符として社外取締役の面前に差し出すことになる。

社外向けの業績説明の場でも選択と集中は一人歩きしていく。

平成の30年余にわたり、「『選択と集中』はどの程度進んでいますか?」「さらなる『選択と集中』を進めていきます」といったやり取りが企業経営者と経済ジャーナリスト、アナリストの間で時候のあいさつのように繰り返される場面が何度となくあった。

執行する側も、監督する側も、今や「選択と集中」という言葉の魔力に心を奪われ、合理的な判断や、アニマルスピリットを保持できない状態となってしまった。かくして、多くの日本企業は、〝本業〟なるものに集中し、各社の不良資産自体は大きく削減された。その代わりに、日本経済全体としての新たな産業への種まきがなされず、経済全体の牽引役としてのエンジンが十分に稼働していない状態となっているのではないか。

「選択と集中」のマクロ的な〝陰〟の側面とは、このように合成の誤謬によって、新規ビジネスを生み出すパワーが日本全体で大幅にダウンしていることである。しかも、経営者の心の奥底では、アニマルスピリットを発露する気力は喪失され、それが無意識的に彼ら・彼女らの行動を縛っていることである。

これは心の持ち方（マインドセット）の問題だけに根が深いのだ。

我々は頭では理解しても、行動できないことがある。例えば、部屋にこもっていては、健全で社会的な生活が不可能だということは分かっている。しかし、なかなか部屋を出ることができない。いわゆる引きこもりだ。

引きこもりと同様に、日本の企業経営者は「選択と集中」と銘打たれた魔法陣に囚われ、動けなくなっている。この魔法陣の中にいれば、「企業として新たに成長をしなくてはならない」という外界からの圧力を、「選択と集中」という御札《おふだ》がガードしてくれる。居心地のよい魔法陣の中で、経営者は安息の時間を過ごしているのだ。魔法陣を作るおまじないは、〝経営文学〟である。

経営、経営学とは、本来は社会科学の領域のはずだ。しかし、欧米など外来のスローガンによる経営論が、情念的な言葉の衣をまとい、意訳・誤訳されて日本では〝経営文学〟となる。いったん火が付いた〝経営文学〟は、メディアでもてはやされ、経営者に流布される。

誤訳された「選択と集中」は、まさにこれだった。

やくざ映画を観た直後、ガニマタになり、肩で風を切って映画館を出てくる人がいる。同じように、〝経営文学〟としてのビジネス書を読んだ経営者は、理性ではなく感情に支配され、ある種の全能感を持つ。

その経験こそが、経営者に自ら魔法陣を作らせる。そして、魔法陣の中で静かに眠ることを自ら選択させるのだ。

3 「選択と集中」の虚実
——ミクロ的問題点

【選択と集中には当たり外れが大きい】

前述したマクロ的な視点だけでなく、個々の企業というミクロの視点において、「選択と集中」という戦略は、どのような〝陰〟の側面をもたらしたのだろうか？

ミクロ視点での「選択と集中」の問題については、多くの識者やコンサルタントが既に警鐘を鳴らしている。本書を書くにあたって改めていくつかの資料を読み返してみたが、最も簡潔にこの戦略の問題点を論じていると思われるのは、日本総合研究所ウェブサイトの経営コラム「研究員のココロ」に掲載された手塚貞治氏の論考である。

手塚氏によれば、「選択と集中」には2つの問題がある。

第一は、「当たり外れが大きい」戦略であるという点だ。

確かに、「選択と集中」の名の下に、1つの事業に集中して成功している企業の事例は多数見られる。しかし、その陰には、成功事例の企業数を上回るほど多くの、「選択と集中」をして失敗した企業が存在するはずだ。生き残れなかった企業も少なくないだろう。

金融市場における投資理論で、株式や債券など様々な金融商品に投資を分散することが長期的に見れば〝勝つ〟投資となることを我々は経済学の授業で学んでいる。いわゆるポートフォリオ理論である。

「選択と集中」は、ポートフォリオ理論とは対極にある考え方である。

投資でいえば、特定の1つの金融商品にすべての資金をつぎ込むような戦略が「選択と集中」という考え方に相当する。競馬に例えれば、自分が惚れ込んだ1頭が出馬する1つのレースに、持ち金のすべてを賭けるような極端なギャンブル的行動なのである。

もちろん、惚れ込んだ馬が1着でゴールすれば配当は大きい。「選択と集中」をして見事に成功している企業の収益性が高いのは、当然といえば当然である。

ただし、金融理論が教えてくれていることとは、リターンが大きな投資行動は同様にリスクも大きいということである。手塚氏の言葉を拝借すれば、「当たればデカいが外れるリスクも大きい」ということだ。

「選択と集中」で成功した企業の収益性が高い、ということ自体にも手塚氏は疑問の目を向けている。「生存者偏向」と呼ばれるバイアスの論点である。

経営分野の調査研究は、成功して生き残った企業しか対象にできない。このため、同様に「選択と集中」の戦略をとり、失敗して生き残れなかった企業のデータは事後的には存在しないため、結果的に生き残っている企業のデータだけが収集されて、バイアスのかかった調査結果になるというリスクである。

「選択と集中」は、当たり外れが大きい。また、成功した場合の事例ばかりが強調されすぎていて、実態とはかけ離れているのではないか。

それが、この戦略の第一の問題である。

選択と集中には長期的視野がない

第二の問題は、「長期的視野がない」という点である。

短期的に見れば、特定の得意分野に事業領域を絞り込むことで、収益性を引き上げることは可能である。しかし、長期的に見たときに、それだけで企業としての、いや組織としての成長性は確保できるのだろうか?

そもそも、我々は全知全能ではない。将来を作り出したり、完全に予測したりすることはできない。ユーザーをコントロールすることもできない。

自社が「選択と集中」という方向性で絞り込んだ事業分野の市場は、本当にあらかじめ予測した通りに成長するのだろうか。

もし市場性があるのならば、他社が参入してくる可能性はないのだろうか。あるいは、代替品や代替サービスが他社から生み出される可能性はないのだろうか。その市場性を根本的に覆すような外生要因（政治リスク、地政学リスク、金融市場リスクなど）については十分に検討されただろうか。

複数の事業分野をターゲットにしている企業に比べて、特定の事業分野に絞り込む戦略は、リスク分散という側面では大きく劣後している。「選択と集中」と「企業・組織の長期持続性」は必ずしも親和性がない。

また、企業として、主力事業を固定化することで、新しい事業を生み出す可能性に蓋《ふた》をしてしまうリスクも大きい。

日本の自動車産業が好例だ。トヨタ自動車は、もともとは織機メーカーの中の一部門としてスタートした。本田技研工業（ホンダ）も、もともとはオートバイメーカーで、自動車事業への参入を果たした。つまり、既存企業の多角化された一部門が、その後巨大化し、日本経済全体に大きなプラスの影響を与えている例が少なくないのだ。

特定の得意事業分野への集中は、短期的には効率的な戦略だが、企業や組織としての新たな成長の可能性をなくしてしまうリスクをはらんでいる。

市場性を見込んだ事業がいまひとつの成長にとどまることもあるし、逆に、大して期待をしていなかった事業が予想を裏切って一大事業になることもある。これこそがポートフォリオ理論の重要な視点の1つである。

また、企業が抱える人材の面でも、「選択と集中」は問題が少なくない。企業が特定の事業分野のみに絞り込むことによって、その分野だけは優秀な人材が集まるかもしれない。しかし、1つの分野の能力だけが優れた人を集めることは、組織としての多様性や柔軟性の喪失につながる。

多角化という面では、多種多様な能力を持った人材を獲得して、社内で高いモチベーションを維持してもらうことが重要だ。仮に多角化をせずに、1つの事業に特化するにしても、多様な能力の人材プールを持っておくことは、外部環境の変化に対応するためにも必須である。

多様な人材のコミュニケーションやアイデアの交換によって、イノベーションが起こることは多くの実証研究で示されている。

優秀な人材はえてして、様々なことにチャレンジしたがるものだ。ある特定の事業しかやらない、という企業が、優秀な人材を、しかも多様性を維持しながら長期的に採用して確保するのは容易ではない。仮に、運よく採用できたとしても、長期間高いモチベーションで社内にとどめておくことは困難だろう。

筆者が共同代表を務めるフロンティア・マネジメントでも、ここ数年、新規事業立ち上げのコンサルティングの依頼が急増している。クライアント企業にヒアリングに行くと、「バブル崩壊後の『選択と集中』で、事業部内や本社内に本業以外のことについて知見を持つ人がいなくなった。また、新規事業を企画するにしても、プロジェクトをマネジメントする人材がいない。コンサルティングあるいは実行支援をしてもらえないだろうか？」といった反応が多い。

過去四半世紀にわたり、日本経済が逆境の中で、多くの日本企業は「選択と集中」を行った。それが、一時底が抜けそうになっていた日本経済を救った部分は大いにあるだろう。ただし、その過程で、多くの日本企業は、新規ビジネスを創出する能力を失ってしまった。アイデアを持った人を失い、組織内に蓄積されていた知見を失い、経営陣のアニマルスピリットを失ってしまったのである。

つまり日本企業は、長期的視野を失っただけでなく、視野があったとしても、それを実行する能力を喪失してしまったのだ。

地方の企業が「選択と集中」するという愚行

「岡目八目」という言葉がある。他人の囲碁を少し離れて見ると、対局者よりも冷静に手が読めるという意味だ。「選択と集中」の内包する問題点（当たり外れが大きく、長期的に視野に欠ける）を冷静に理解するために、「岡目八目」的に地方における実際の事例を紹介する。

筆者が実際に携わった案件に、長野県松本市に本社を置く松本電気鉄道（現アルピコ）グループがある。２００８年に私的整理の手法で大幅に債務を圧縮し、その後収益性を改善して復調した地元の大手グループである。

同社の祖業は鉄道事業であるが、バスやタクシーなど交通事業での多角化によってグループとして成長を続けた。また、交通事業以外にも積極的に業容を拡大し、食品スーパー、ホテル・旅館運営など、いわゆる多角化戦略で一大コングロマリットを形成していた。

筆者が初めに同社を訪問したのは、２００７年夏。実は、既に外資系コンサルティング会社の日本法人が、同社にアドバイスを行っていた。その会社は「選択と集中」を推奨した。食品スーパーなど祖業以外を同業他社に売却して、交通事業に特化すべきだ、というわけだ。「選択と集中」に対し、同社の経営陣や関係金融機関は肌感覚として違和感を持った。そこで、弊社にセカンドオピニオンを求めた格好であった。

同社が経営基盤としている松本市は、長野県では大きな都市だが、人口は30万人に満たないし、将来も大きく人口が増加するとは思えない。むしろ、高齢化や少子化が徐々に顕在化してくることを考えなくてはならない。

人口増が望めない地方都市において、消費者相手のサービス業をしている企業が「選択と集中」を行うことは合理的ではない。我々の見立ては、グループ売り上げの約半分を占める食品スーパー事業の外部売却は、自殺行為にも等しいというものであった。

人口が継続的に減少していく地方においては、そこに居住する消費者の財布のシェアをいかに高めるか、という視点を持つことがサービス業を営む企業にとっては重要である。居住者の財布のシェアを上げるには、1つの商品や1つのサービスだけに特化するのではなく、様々な商品・サービスを提供する方が合理的である。

果たして、同社と金融機関は、我々の考えに企業としての将来性を感じた。食品スーパーなど多角化事業の多くを外部売却しないで、グループ全体での一体再生を選んだ。実際、その後、外部売却せずグループ内に残した食品スーパーは、グループ全体の収益を下支えするだけでなく、同一地域内の他の食品スーパーを買収して、大きく成長した。

過度な「選択と集中」をしない戦略を選択し、同社は見事に復活した。

日本は世界市場から見れば地方都市のような規模

東京など大都市に住み本書を読んでいる読者は、「岡目八目」で松本市におけるこの企業再生の事例を眺めているはずだ。「地方は人口も減少するし、そこの消費関連企業が1つの事業だけに特化するのは明らかにバカバカしい戦略だ」と。

そう、人口が減少する地方都市では、複数の事業を持つ方が合理的なのだ。

依然として地方から人口を吸収して拡大している北京や上海など中国の大都市、平均年齢が30歳以下と若くて都市全体が活気あふれる東南アジアの首都、多種多様な才能を持った人材が世界中から集まって経済規模が拡大している米国の主要都市など、〝人口・経済ともに継続成長している都市〟に居住する人から、日本全体はどのように見えているのか。

彼らの目で日本を見てみよう。GDPなど経済のパフォーマンスは芳しくない。国民の平均年齢は40代後半で、若者は少ない。残念ながら、これが彼らから見た日本全体だ。

彼らが日本を見る構図は、東京の人間が松本市を見る構図と、まったくの相似形となる。我々は、松本市など地方都市の企業に対して、「選択と集中」をするのは愚かだとすぐに理解できるはずだ。日本全体は、成長を続ける世界の都市から見れば「大きな松本市」なのだ。ならば、地方企業、とりわけ地方の消費関連企業が行っている戦略こそが、日本全体が倣うべき戦略と言える。

つまり、過度な「選択と集中」をやめ、コングロマリットを志向すべきなのだ。経営共創基盤の創業者で代表取締役を務める冨山和彦氏が『なぜローカル経済から日本は甦るのか　GとLの経済成長戦略』で喝破している通り、企業には世界市場で戦うG（グローバル）型と、各地で戦うL型（ローカル）がある。おそらく、ウェルチがCEOを務めたGEも、グローバルで戦う日本の大企業も、冨山氏の分類では前者のG型である。こうした企業が、自らの強みを生かして「選択と集中」を行うことは合理的な判断である。

また、世界に誇る技術と営業力を保持した特定の日本企業（現時点では製造業に事例が多い）が「選択と集中」を志向することも十分に理解できる。乱暴な言い方をすると、「選択と集中」は高い技術力を持って世界を相手に商売できる企業（たぶん多くは製造業）にとっての優れた処方箋である。

しかし、この処方箋が適さない日本企業はごまんとある。冨山氏の言うところのL型に分類される企業である。L型の多くの企業は、非製造業である。これらの企業の行うべき戦略と、「選択と集中」という処方箋とは残念ながら親和性がない。

ちなみに、現在の日本のGDPのうち、製造業の比率は20％以下である。

4 「選択と集中」の呪縛から脱却する

ウェルチは1000もの新規事業を開始した

ジャック・ウェルチは、GEにおける約20年にわたるCEO人生の中で、日本で理解されているような意味で「選択と集中」を行った時期は、就任当初の数年間に過ぎない。彼がとったのはいわゆる「ダウンサイジング（事業縮小）」と当時呼ばれていた手法である。

ウェルチは、働き盛りの30〜40代に、プラスチック部門の業容拡大、医療診断機器部門の事業再構築、GEキャピタルの成長などを果たし、めきめきとGE内で頭角を現した。これら華々しい経歴をひっさげ、いよいよCEOに就任したのは1981年。実に45歳という壮年であった。

彼の主張は明確だった。

ＧＥを世界で最高に価値ある会社にしなくてはならない。そのためには、世界を相手に戦って競争に勝てるよう、ＧＥ自体が変わらなくてはならない。

方法論としてウェルチが宣言したのは、「利益の出ない分野はすべて切り捨てる。ＧＥのすべての事業は、将来的にその分野における業界ナンバーワンかナンバーツーになるものだけにフォーカス（焦点化）する必要がある」というものだった。

ダウンサイジングという名の下に、不採算事業のリストラが行われた。また、収益性が悪くなかった事業でもさらなる構造改革が求められた。20万人近い従業員が会社を去り、60億ドル以上の経費を節約した。従業員やメディアはウェルチのことを「ニュートロン（中性子爆弾）・ジャック」と揶揄した。建物（オフィス）を壊さずに、建物の中の人を去らせてしまうという、ジョークとしてはあまりにブラックなものであるが。

しかし、実は、ウェルチがＣＥＯに就任した当時、ＧＥは、かつてのＪＡＬやダイエーなど日本の大手企業が陥ったような窮境状態にあったわけではない。ウェルチがＣＥＯに就任する直前でも同社は、「フォーチュン」など米国を代表する経済誌で称賛される対象でさえあった。

ウェルチの数々の言葉は大変勇ましく、経済小説に出てくるような物言いが多い。

当時、官僚的で硬直的だったＧＥの組織に刺激を与えて変化させるために、あえてショーマンシップも含めて過激な発言をしていたのかもしれない。彼が社員に対して公然と口にしていた言葉は、「戦え、憎め、蹴り飛ばせ、破壊しろ」というものだった。

しかし、実際に彼が行ったことを数字で見ると、日本の大手企業の再建とはまったく異なった実像が見えてくる。実際のウェルチはCEO時代に、約70の事業から撤退しているものの、一方で約1000もの新しい事業を、買収を含めて開始している。彼は、将来への布石をしっかりと打っていたのだ。

負のエネルギーと戦っていたウェルチ

「選択と集中」という言葉は、不採算事業を切り捨てて、限られた得意分野だけに経営資源を投下することと、日本では理解されている。しかし、実際のウェルチは、新しいことにどんどん挑戦したCEOであった。

ウェルチが本当に戦っていたのは、社内の官僚主義的管理職やスタッフが生み出す負のエネルギーだった。その膨大な負のエネルギーの放出によって、GEは十分に変化対応できなくなっていた。

巨大な体躯を持て余した動物がのたうちまわるがごとく、GEは大きな苦しみの中にあった。ウェルチが対峙していたGEとは、まさにGEの持つ負の物理的時空であり、負の質量だったのではないだろうか。

製造業から、いかにサービス業に転換するか。台頭する日本など海外勢とどう戦うのか。インターネットなど新しいビジネスをどのように取り込むのか。

ウェルチは「フォーカス（焦点化）」という極めてシンプルな言葉の中に、いろいろな戦略を埋め込んでいた。そして、事業の可能性を見て取れば、積極的に新しいことに、しかも多角的に進んでいったように筆者には見える。

「GEのすべての事業は、将来的にその分野における業界ナンバーワンかナンバーツーになるものだけにする必要がある」という言葉も、日本で正しく理解されているか不明だ。

前述したように、ウェルチはGEのCEO時代に、1000もの新しい事業を開始している。一般的に見れば、1000もの新しい新規事業が、すべて業界ナンバーワン、ナンバーツーになれるわけではない。

しかし、どんな事業も、始めなければそもそもナンバーワン、ツーの地位に挑戦する権利は得られない。宝くじは買わなければ当たらない、というのと同じである。

経営環境はどう変わるか正確に予想はできない。為替、政府の規制、地政学的リスク、社会情勢など、現時点では見通せない数多くの不確定な要素を複合的かつ総合的に勘案しながら、経営者は経営判断をしていく必要がある。

経営環境が変化したときに、その影響をしっかりとプラスとして自社内に取り込むためには、多方面に網を張っておく必要がある。そのためにも、事業性があると考えられるビジネスに関しては事業ポートフォリオの1つとして持っておく必要がある。

ウェルチは、経営環境の変化に備え、様々な可能性をシミュレーションし、方向性の大きなところはぶれることなく、数多くの事業ポートフォリオを持ったのではないだろうか。そもそも、彼自身も、今すぐナンバーワン、ツーになるものとは言っておらず、「将来的に」という言葉を用いて表現している。

では、日本の経営者が、ウェルチから学び、引き継ぐべきものは何だろうか。ここまで読んでいただいた読者には、それが「選択と集中」という誤訳された言葉の表層的な意味にあるのではないことは自明だろう。

彼が、いかに社内の官僚主義的スタッフと戦ったか、ダウンサイジングを早期で短期なものにしたか、いかに新規ビジネスを創造・買収していったか。こうした戦いの道程こそが、我々が学ぶべきポイントではないかと思われる。

余談だが、ウェルチのお膝元となるGEの日本法人では「選択と集中」という言葉はまったくと言ってよいほど使われていなかったそうだ。

【新規事業、買収戦略に舵を切れ】

財務省の「法人企業統計年報」には、日本の全産業ベースで見た長期時系列のデータがある。日本企業全体の姿をシンプルに理解するため、このデータ集の売上高、経常利益、設備投資という3つの指標を見てみよう（次ページの図2参照）。

失われた20年などと言われているので、さぞかしバブル期に比べて日本全体の企業業績は厳しいものがあると思われがちだが、まったく異なる推移となっているのは経常利益だ。金融・保険を除く全産業で見た経常利益は、バブル崩壊前夜の1989年には約40兆円であったが、バブル崩壊後の1990年代半ばに20兆～30兆円と低迷。その後、21世紀に入って一時期50兆円台に乗せたが、リーマンショックで2008年には30兆円超へと逆戻りするなど一進一退であった。

しかし、ここ5年以上、日本企業全体の経常利益は安定して増勢基調であり、2016年には75兆円と、バブル期の倍近い水準に達している。つまり、企業の利益は、失われるどころか、バブル期を8割ほど上回る状態となっているのだ。

一方、売上高はどうだろうか。この30年間ほとんど横ばいの水準となっている。198

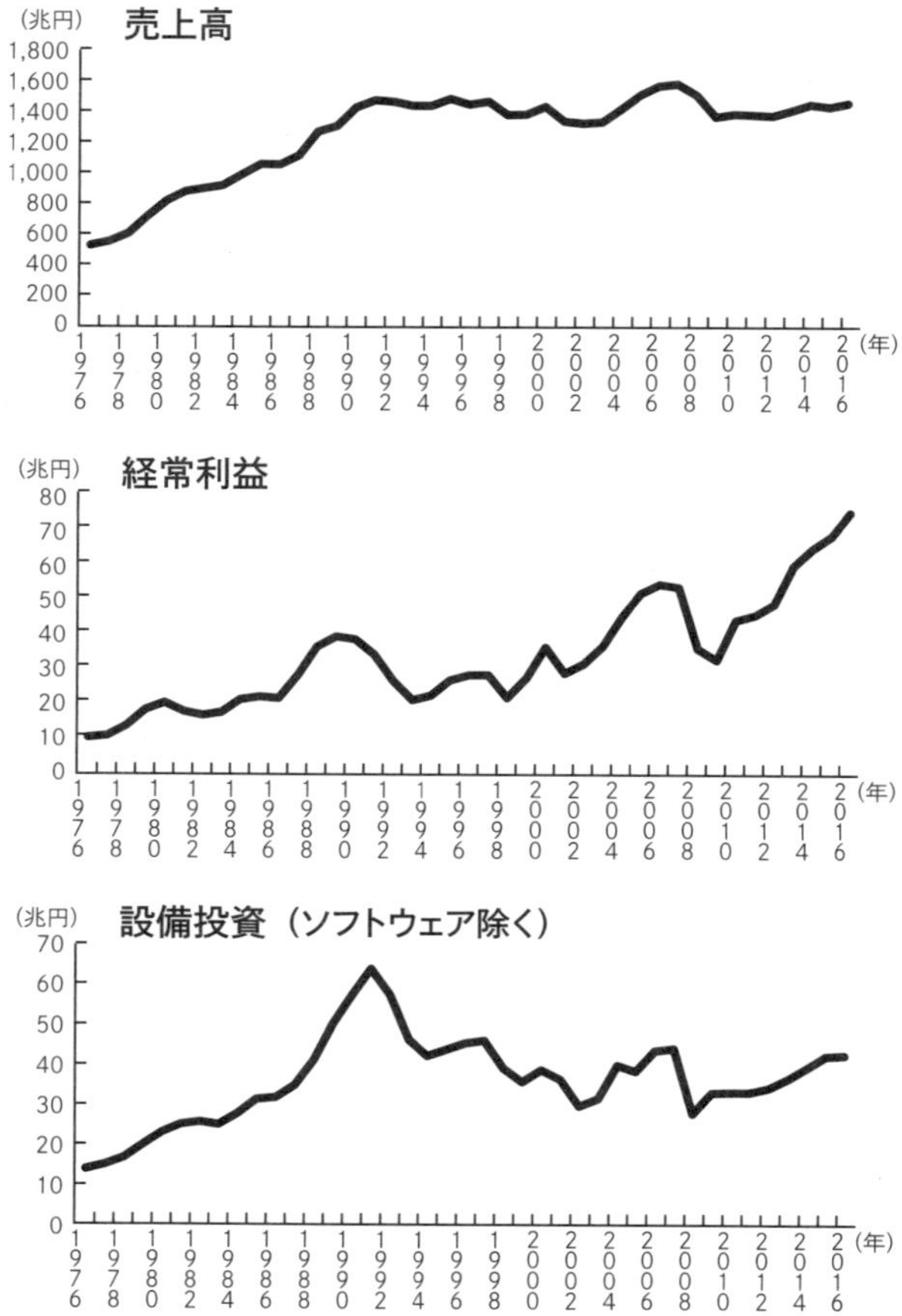

出所：「法人企業統計年報」（財務省）より
フロンティア・マネジメント作成

図２｜日本経済全体の売上高、経常利益、
設備投資（金融を除く全産業ベース）

9年以降を見ても、日本全体で1300兆～1600兆円のレンジ内を上下していて、直近の数字も1400兆円強にとどまっている。

設備投資はもっと厳しい数字だ。ピークだった1991年の約65兆円から、リーマンショック後には30兆円超にまで落ち込んだ。その後少しずつ増加しているとはいえ、直近の数字も43兆円と、ピークだった1991年の数字には遠く及ばない水準となっている。

売上高、経常利益、設備投資というシンプルな3つの指標を見ると、日本企業のバブル崩壊後の経営スタイルが「選択と集中」に極めて強く影響を受けていることが分かる。

各社は自らの不振事業や低採算グループ会社にメスを入れた。場合によっては、収益事業と言えども利益率をさらに高めるために、ダウンサイジングをしたかもしれない。日本的「選択と集中」を行ったことで経常利益は大幅に増加した。これが日本企業の株価を過去数年大きく押し上げてきた原動力の1つであることは間違いないだろう。

しかし、次の成長に向けた種をまくことはできているのだろうか。売り上げが伸びていないどころか、これほどの利益を出せている昨今でも、過去の売上高のレンジの中位にとどまっているのは、新たな成長事業が取り込めていない可能性がある。

設備投資はさらにお粗末な水準である。日本の経営者からアニマルスピリットがなくなっていることを物語っているのではないだろうか。

確かに、「選択と集中」で日本経済は底割れすることなく、利益水準は遅しく回復した。この意味で、過去においては、日本的「選択と集中」は十二分にその役割を果たしたと言える。しかし、そろそろギアを入れ替える時期に来ている。

それは、過去30年近くにわたって多くの企業で希薄となっている、新規ビジネスへの進出などの新たな事業創造である。そのためには、昨今急増しているM＆Aなどの企業買収も含めて、あらゆる可能性を追求していく必要がある。

戦後の高度経済成長期には、日本の企業も事業家も貪欲なまでに業容を拡大した。その膨張一辺倒への反省もあり、１９８０年代後半ぐらいから「持たざる経営」という言葉が語られだした。店舗資産を保有して成長したダイエーと対の存在として、店舗資産を保有しないイトーヨーカ堂が「持たざる経営」の旗手として高評価を獲得していたのだった。

しかし、１９９０年代にバブルがはじけて景気の長期低迷が始まると、「持たざる経営」は本来の意味を逸脱した。本業以外を「持たざる経営」にすることが正しい〝経営道〟となり、新規事業への興味も「持たざる」ことが是とされた。そこに、ウェルチの「選択と集中」という新しいスローガンの誤訳が融合し、日本の経営者のアニマルスピリットは文字通り「魂（スピリット）」が尽きたのである。

第2章

コングロマリットの再評価と取引コスト

1 東南アジアの盟主となりうる日本の地方企業

中国、インド、韓国などではコングロマリットが一般的

１９９０年代後半以降の日本において、「選択と集中」の礼賛とともに語られたのは、コングロマリット（複合企業）の否定であった。

米国のコングロマリットが１９８０年代後半から勢いを失くしたことをきっかけに、米国や欧州の一部の国では、コングロマリットが時代遅れの恐竜扱いされた。コングロマリットへの欧米における否定的な見解は、10年遅れで１９９０年代後半から日本の経済論壇にも波及してきたと考えられる。しかし、アジアや中南米では、依然として、コングロマリットが中心的な存在として経済が発展している。

『ハーバード・ビジネス・レビュー日本語版』２０１４年5月号に、コングロマリットに

関する興味深い論文が掲載された。その原題は、ズバリ"Why Conglomerates Thrive（Outside the U.S.）"となっていて、直訳すれば「なぜコングロマリットが繁栄しているのか（米国の外において）」となる。同誌における邦題は「新興国の企業グループに学ぶ　コングロマリット経営を再評価する」と、コングロマリットへのポジティブな見解に関する直接的なものとなっている。

本論文の執筆者は、ともにインド経営大学院（Indian Institute of Management：IIM）に所属する3名（当時）。ラマチャンドラン教授、マニカンダン助教、アニルバン・パント助教である。彼らが所属するインド経営大学院とは、インドの国立の高等教育機関の1つ。同大学院はバンガロールやカルカッタなどインド全土13カ所に設立されており、インドの経営大学院の中で1、2を争う優秀校である。

この論文は、欧米で流行する〝反コングロマリット〟の考え方に対して、あえて挑戦的な論旨と口調で綴られている。彼らの分析によれば、過去10年の間、コングロマリット企業の売り上げは、特に新興国で急増している。中国とインドでは年率23％以上、韓国では年率11％の成長となっている。また、売上高上位50位（除く国営企業）のうちコングロマリットが占める企業数は、インドでは45社、中国では40社、韓国では20社となっている。

コングロマリットの多角化度合いは近年さらに増しているようだ。主要コングロマリットでは、平均すると18カ月ごとに新しい会社が設立されている。しかも、それら新しく設立された会社の事業は、ほとんどの場合、既存事業と無関係の分野であるらしい。

彼らは欧米におけるコングロマリットの失敗を、コングロマリットという形態そのものではなく、マネジメントの問題と喝破している。デュポンやゼネラルモーターズ（GM）で始まった事業部制というマネジメント体制こそが、不要な上級管理職（第1章で指摘したウェルチが戦っていた対象）など対応力に欠けた本社を生み出し、それがコングロマリットを機能不全に陥らせたと分析している。

米国において、新規事業について、既存事業と関連していることをCEOがウォール街に納得させることができるかどうか、がM&Aを前進させる重要な要素となっていることにも、疑問を呈している。各社が専門特化した企業のメリットを維持するため、たとえ有望な事業であっても、その買収を見送って、チャンスをみすみす逃すしかないのが、米国流の経営になっていると嘆いているのだ。

老舗企業だけでなく、新興企業もコングロマリットを形成

インド経営大学院の3名による論文は、インドのタタ・グループなどの経営手法を高く

評価し、米国流の事業部制との相違に焦点を当てた分析も行っている。言わずもがなだが、タタ・グループは、自動車、化学、通信、エネルギーなど幅広い企業群から成り立ったインドを代表するコングロマリットである。

インドのコングロマリットが行っている経営のスタイルは、この論文を読む限り、日本の大手総合商社に類似している。

持ち株会社の機能を有する企業内に「グループセンター（GC）」と呼ばれる強い企画・調整機能を持つ組織を設置する。このGCが強いリーダーシップを発揮し、持ち株会社傘下のグループ会社の大きな戦略方向性をガイドする。ただし、日常業務については、グループ各社が法人という枠組みを持っているので、GCにいちいちお伺いを立てるのではなく、グループ各社において即断即決で対応していく。

この論文の最後のくだりは、「事業ポートフォリオを管理している北米やヨーロッパのCEOは、（中略）新興国市場のCEOがこの課題にどう立ち向かっているかをよく観察しなければならない」と手厳しい。そして、イタリアのフィアットが2011年に分社化を行ってグループ会社制に移行したことを引き合いに出し、インドや中国のコングロマリット管理手法が欧米で広まる兆しが出てきている、としている。

筆者自身も、この論文で推奨されているグループ会社制への移行が、魔法の杖として、コングロマリット経営にとって万能な解決法になるとは思えない。インドや中国など、マクロ経済自体が依然として成長していることによる、フォローの風を受けた論の可能性があり、短距離走でいうところの〝追い風参考記録〟のようなものかもしれないからだ。

しかし、3名によるこの論文には、大きな意味がある。

それは、米国や欧州の一部以外では、依然としてコングロマリットが強い影響力を持ち、成長を続けているという事実である。また、世界のコングロマリットの多角化度合いはますます強まりながら、その存在感を強めているという事実である。

これは歴史ある財閥系コングロマリットだけの話ではない。

もちろん、100年以上の歴史を持ったコングロマリットの存在感は依然として強い。香港のジャーディン・マセソンは1832年、インドのタタは1868年、日本の三菱は1870年、韓国の斗山は1896年に、それぞれ創業された。これらの100年以上の歴史を持つコングロマリットは、幾多の景気変動の中でその形態を変え、時代の変化の波を受けて泳ぎ、現在でも各国で大きな影響力を保持している。

しかし、新興企業も同様に、短期間で巨大なコングロマリットを形成している。好例は、中国でBAT（バイドゥ、アリババ、テンセント）と呼ばれる、同国を代表するインターネット系新興企業である。

ＢＡＴは、今や「投資家」としてグループの業容を拡大している。米国の投資顧問会社サンフォード・Ｃ・バーンスタインの統計データによると、２０１７年以降アリババは既に60件の投資をし、テンセントはこの６年で６００社を超える企業を買収した。また、中国のインターネット企業情報サイトＩＴ桔子のデータによると、ＢＡＴは既に直接または間接的に、中国における「ユニコーン企業（時価総額10億米ドル以上の未上場会社の呼称）」の半数に投資している。特に、ＢＡＴのうちアリババとテンセントは、多角化の度合いを強めている。シェアサイクル分野では摩拜単車と小黄車というように、両社の投資は相似形をなし、切磋琢磨しながら買収と多角化を進めている。

米国のＧＡＦＡ（グーグル、アップル、フェイスブック、アマゾン）でも、グーグルとアマゾンは多角化が進展し、コングロマリットになっている。グーグルは検索エンジンを使った広告事業だけでなく、バイオテック企業のキャリコを設立したり、ＡＩ開発企業のディープマインドを買収したり、事業の幅を積極的に拡大している。アマゾンはネット通販だけでなく世界トップシェアのクラウド事業ＡＷＳで収益を伸ばしている。

昨今、プラットホーム企業への警戒が広がっているが、むしろコングロマリットこそが世界中で拡大しているのだ。資本主義はいつの世も国家対コングロマリットのせめぎ合いなのである。

大阪や名古屋の大手コングロマリットは、東南アジアの盟主と同じ

改めて認識しなくてはならないことは、世界には、コングロマリット化を強烈に推進しながら、老舗企業も新興企業も成長を模索している国々があるということだ。そして、世界のコングロマリットは、第1章で取り上げた長野県松本市における旧松本電鉄のアルピコグループのように、依然として様々な事業をグループ内に取り込みながら、域内の消費者の財布のシェアを奪うことで成長しているという事実である。

日本各地の経済規模を見てみると、各地におけるコングロマリット形成という戦略が、それほどスケールの小さな話ではないことが分かる（図3参照）。

合わせて2017年の東南アジア各国のGDPも見てみよう。日本円に換算すると、インドネシアが突出していて110兆円を超えるが、その他の、マレーシア、フィリピン、シンガポール、タイ、ベトナムは、それぞれ20～50兆円程度の水準である。

日本の主要都市である東京都、大阪、愛知のGDPは、それぞれ93兆円、37兆円、35兆円である。東京都がほぼインドネシアに匹敵する経済規模であり、大阪と愛知は、それぞれがマレーシア、フィリピン、シンガポール、タイ、ベトナムなどとほぼ同水準の経済規

（兆円）

東京圏		163.8
	東京	93.1
	神奈川	30.2
	埼玉	20.7
	千葉	19.8
大阪圏		66.3
	大阪	37.3
	兵庫	19.2
	京都	9.8
愛知圏		50.2
	愛知	35.4
	岐阜	7.1
	三重	7.7

		（兆円）	（10億USドル）
ASEAN 全体		304.4	2767.1
	インドネシア	111.7	1015.5
	タイ	50.1	455.2
	シンガポール	35.6	323.9
	マレーシア	34.6	314.5
	フィリピン	34.5	313.6
	ベトナム	24.6	223.9
	ミャンマー	7.6	69.3
	カンボジア	2.4	22.2
	ラオス	1.8	16.9
	ブルネイ	1.3	12.1

（1US ドル =110円換算）

出所：外務省、内閣府

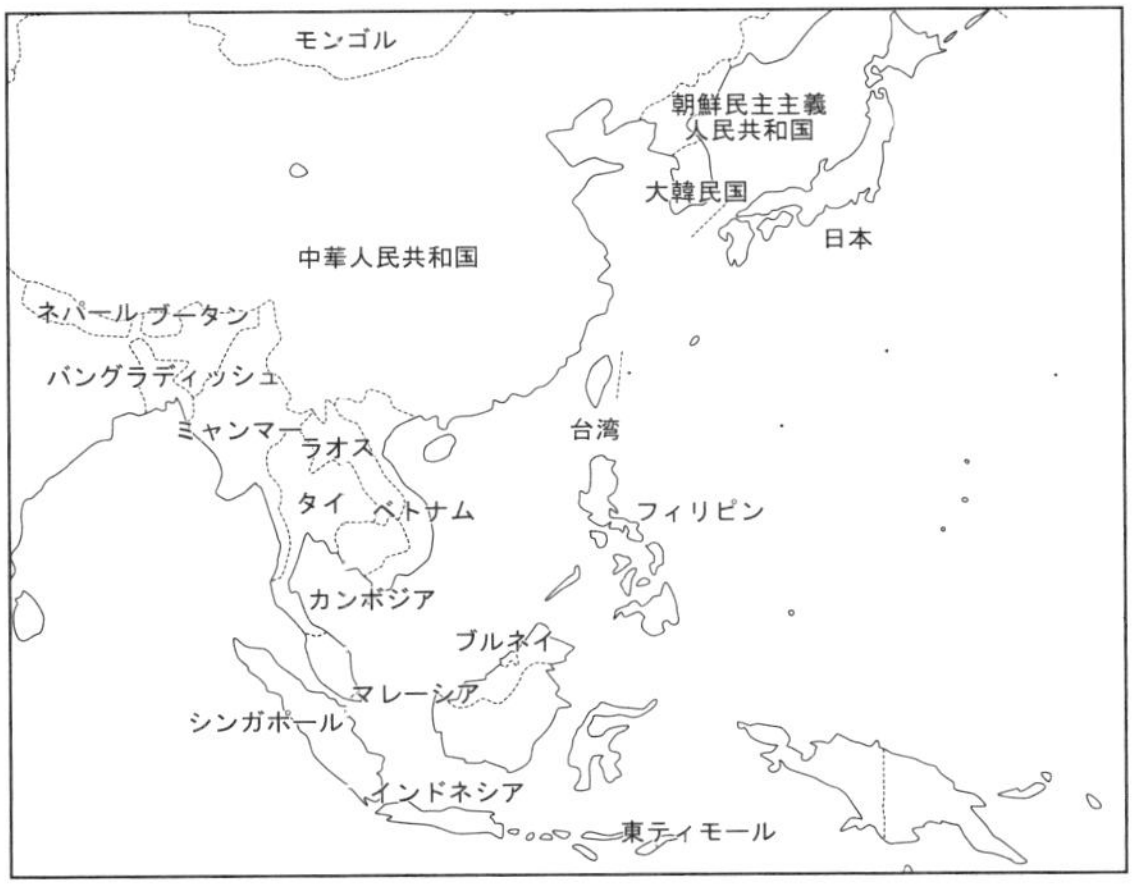

図 3 ｜国内 3 大経済圏と ASEAN 各国の経済規模（2017）

模を誇っている。

これは都道府県という行政区分で区切った数値であり、周りの経済圏を含めた数字で考えると、さらに日本の経済圏の大きさが分かる。

東京圏でいえば、神奈川が30兆円、埼玉が21兆円、千葉が20兆円のＧＤＰがあるため、東京圏全体で見ればＧＤＰは１６３兆円という巨大な経済規模となる。大阪圏では、兵庫が19兆円、京都が10兆円であり、大阪圏全体のＧＤＰは66兆円となる。愛知圏では、岐阜が７兆円、三重が８兆円のＧＤＰなので、愛知圏全体では50兆円となる。

いずれにせよ、これら東名阪の経済規模を東南アジアの主要国のＧＤＰと比較してみると、どこか１つの経済圏で圧倒的なコングロマリットになることは、東南アジアの主要国の盟主と同じような経済インパクトを持つことに匹敵する。それほど悪い話ではない。

大阪中心に関西地方で高いシェアを持つ企業、名古屋中心に東海地方で高いシェアを持つ企業は、日本では「地方の大手」と思われがちである。しかし、これらの企業は、タイやインドネシアなど東南アジアの主要国の盟主であるコングロマリット群と同様の重要な存在であり、アジアで際立った存在である。

こうして考えていくと、日本におけるコングロマリット戦略が、たとえ１つの地方に特定されていたとしても、魅力的な戦略に見えてきたのではないだろうか。

2 コングロマリット・ディスカウント問題の本質

外からの分析は限定的な情報しか獲得できない

コングロマリットについては、株式市場からも厳しい目が向けられがちである。いわゆる「コングロマリット・ディスカウント」と呼ばれる問題である。

1つの事業に特化する専門業態は、外部（この場合は、株式市場）から理解しやすいし、マネジメントも戦略を打ち出しやすい。一方、様々なビジネスを同時並行で行っている企業は、どの事業が利益を出しているのか外部からは分かりにくく、マネジメントも迅速で的確な判断を下しにくい。

一般的に、こうした説明が、コングロマリットの評価が株式市場で低いことの背景にあると言われている。

株式市場では、投資家による各上場会社への評価の高低の目安として、「バリュエーション」という言葉を使う。各社の生み出す利益、各社が保有する株主資本などに対して、どれぐらいの倍率に時価総額（株価と発行済み株式数を掛け合わせたもの）がなっているかということを示す指標である。

その倍率が高ければ、「バリュエーションが高い」と言われ、評価が高いことを示す。逆もまたしかりである。

コングロマリットは、前述したような外部からの分かりにくさにより、バリュエーションが一般的に低くなると指摘されている。そして、実際、バリュエーションが低い事例が少なくない。この観点から考えると、コングロマリットは問題を抱えているのだろうかという疑問が浮かぶ。

そもそも、外からの分かりやすさ、分かりにくさというのは、主観的なものである。1つの業態だけを営んでいる会社だからといって、外部からそれほど明確に分析把握できるものなのだろうか。

筆者は、外部から企業分析を行う証券アナリストという仕事を10年以上行った。前述の道路舗装業界の後に流通業界を担当したのだが、担当企業の1つはダイエーであった。その後、産業再生機構に在籍した時、ダイエーに取締役として派遣された。つまり、同じ会社を、外から分析し、その後インサイダーとして経営陣に加わるという経験を得た。この経験からすると、「外部から分析できることは極めて限られている」というのが率直な感想である。

例えば、ある店舗を閉店すると仮定した場合。店舗閉鎖に伴って、どれほどの特別損失やキャッシュが必要なのか、といった具体的数字は外部からは分からない。ましてや、店舗閉鎖に伴って、物流やシステムがどのように修正され、どのように追加的な費用が発生するかなど、1つの追加戦略にしたがって損益計算書（P／L）や貸借対照表（B／S）がどのようなインパクトを受けるのかは、外部からはよく分からない。

内部から見ると、外部のアウトサイダーが行っている分析のレベルは、ある一定程度以上は深くなりえない。分析対象企業が、1つの業態を営んでいる企業とコングロマリットの場合で、外部からの分析という手法に限定する限り、それほど分析の深さに差はあるのだろうかという疑問さえ湧いてくる。

また、もし「分かりにくさ」が本当に問題なのであれば、コングロマリット各社は、投資家向け情報開示（IR：Investor Relations）を強化すれば、コングロマリット・ディスカウントはなくなるはずである。なくならないにしろ、ディスカウントの幅を縮めることは可能ではないかと考える。

【コングロマリットの多角化を事業と地域に分ける】

2010年度の「国際会計研究学会年報」に、興味深い論文が発表されている。中野貴之氏による「多角化ディスカウントに関する実証研究」という論文である。

これは、コングロマリット・ディスカウントの根拠である多角化を、事業による多角化と、地域による多角化とに分け、どちらの多角化がディスカウントをもたらしているかを実証研究したものである。

興味深いことに、中野氏の分析によれば、コングロマリット・ディスカウントは、事業の多角化よりも、地域による多角化による影響が大きいという。つまり、もともとの出自の国から外国へと進出した際に、コングロマリット・ディスカウントと呼ばれるバリュエーションの低下が起こっていることが示されているのだ。だとすれば、コングロマリットが、一般的に言われている事業の多角化によるバリュエーション低下の影響をそれほど受けていないということになる。

中野氏は、2000〜2009年に東京、大阪、名古屋の第一部と第二部の証券市場に上場している企業を対象に、事業の多角化と地域の多角化を進めた場合、バリュエーションにどのような影響が及ぶかを分析した。

バリュエーションとしては、総資産に対する企業価値の比率を用いている。具体的には、分子の企業価値は、時価総額、少数株主持ち分、負債総額の総和を用い、分母には総資産を用いた。

本分析は、バリュエーションに対する事業と地域の多角化の影響を純粋に観察するため、いくつかの配慮もなされている。企業価値に影響を与える〝コントロール変数〟と呼ばれる、いくつかの指標による影響を捨象した分析となっている。採用されたコントロール指数とは、売上高営業利益率、総資産回転率、財務レバレッジ、売上高成長率、特定者持ち株比率である。

また、事業や地域の多角化の度合いについては、各社が公表しているセグメントベースだけでなく、標準産業・地域分類に基づいた分類ベースの計算も行われている。各社のセグメントベースの場合、外部から客観的に見れば同じ産業であったとしても、当該会社にとって別のセグメントと定義され、多角化が過度に計算される可能性があるためである。ここでは、日本標準産業分類の中分類と、日経地域コードが用いられている。

【 地域の多角化の影響は、事業の多角化の3〜5倍 】

各社が公表しているセグメントベースで計算した場合、各社のバリュエーションは、事業多角化の場合はマイナス０・１０７の係数となり、地域多角化の場合はマイナス０・３１２の係数となる。これは、事業や地域の多角化を一単位進めたら、どれぐらいバリュエーションが下がるかということを示している。

この分析が明らかにしたことは、ある企業が地域の多角化を行った場合、事業の多角化を行った場合に比べて3倍程度、当該企業のバリュエーションを下げるということだ。

各社のセグメント公表という恣意性をなくした分析では、結果はさらに明らかである。日本標準産業分類の中分類と日経地域コードを使用した標準産業・地域分類で計算した場合、各社のバリュエーションは、事業多角化の場合はマイナス０・０６２の係数となり、地域多角化の場合はマイナス０・３１２の係数となる。

標準産業・地域分類を用いれば、地域の多角化は、事業の多角化の5倍もバリュエーションを下げるということになる。加えて、事業の多角化によるバリュエーションの低下は極めて限られていることが分かる。

過去において、コングロマリット・ディスカウントに関する研究は多い。しかし、少なくとも中野氏によれば「日本企業に関しては、地域多角化の影響を直接的に検証した研究は存在しておらず、(中略)日本企業において、実際、地域多角化によるディスカウントが生じているかどうかは不明である」(中野・前掲)とあり、地域多角化という側面は新しい見方である。

確かに、多角化とひと言で言っても、海外進出を伴う場合と、国内で少し飛び地型の事業をすることでは、その成否やリスクもまったく異なったものになる。

やみくもに多角化やコングロマリットを否定するのは得策ではない。中野氏の分析に説明力があるとするならば、コングロマリット・ディスカウントへの見方は大きく変容するのではないだろうか。

バリュエーションを低下させるコングロマリットの問題は、事業の多角化が主論点ではなさそうだ。もちろん、事業が分かりにくい企業は、情報開示などIRをより積極的に行い、投資家との間に横たわる情報の非対称性問題に取り組む必要がある。

しかし、それ以上に大きなディスカウント要素は、地域の多角化の可能性が高い。それは、出自の国の投資家にとってみると、他国という未知のエリアへ進出することに対するリスクを織り込むことであり、極めて自然な投資家行動と言える。

外国でのビジネス活動には、カントリーリスクが不可避であり、稼いだ外貨をどのように自国に還元するかという問題もある。為替や政治などコントロール不可能なリスクも多い。それを投資家が織り込むのであれば、やむを得ない。

ただし、これはコングロマリットという形態の問題ではなく、海外進出に伴うリスクの織り込みに過ぎないということである。

母国市場の大小で決まるコングロマリット戦略の様式

一部の例外を除けば、ほとんどの企業は成長の過程で、その販売する商品・サービスの幅を広げたり、販売地域を拡大したりする。前者が事業の多角化であり、後者が地域の多角化である。

もちろん、経営者の意思や各社の置かれた環境によって、多角化の方向性は異なってくる。一般的に言えば、各社の出自の国の市場、つまり母国市場（マザーマーケット）の規模の大小によって、企業の多角化の方向性は影響を受ける。

サンタフェ研究所などの複雑系経済学で指摘されたように、所与の初期条件によって企業や産業の様態は異なった進化を見せる。各国のコングロマリットの成長の過程も同様に、初期条件により異なった進化となる。

次ページの図4を見てほしい。

図中のLは、母国市場が大きな米国や中国の場合である。母国市場が大きい国では、企業は初期的な成長の過程で、まず母国で十分なシェアを得ることに専心する。母国市場で成功すれば再投資のための十分な利潤を確保することができるからだ。

こうした過程では、母国で得られた利潤を再投入することで、同じビジネスを海外展開してさらに成長しようというインセンティブが生じやすい。図中でいえば、L1からL2に移行しながら企業は成長していく。もちろん、その後は自国内に限らず事業の多角化も伴いながら成長を模索し、L2からL3へ移行する。

図中のMは、母国市場が中規模な国である。日本、ドイツ、フランスなどがこれにあたる。これらの国の母国市場は、冷戦終了までは、西欧資本主義市場において大規模な市場だった。しかし、冷戦後の資本主義市場の膨張は、米国市場の急拡大や中国の台頭を促した。結果、日本などの市場は、大規模市場から中規模市場へとステップダウンした。

一方、ステップダウンしたとはいえ、当該市場は小規模とまでは言えない。むしろ中途半端に大きな市場であるため、中規模市場で事業を営む企業はまずは母国市場での拡大を図る。

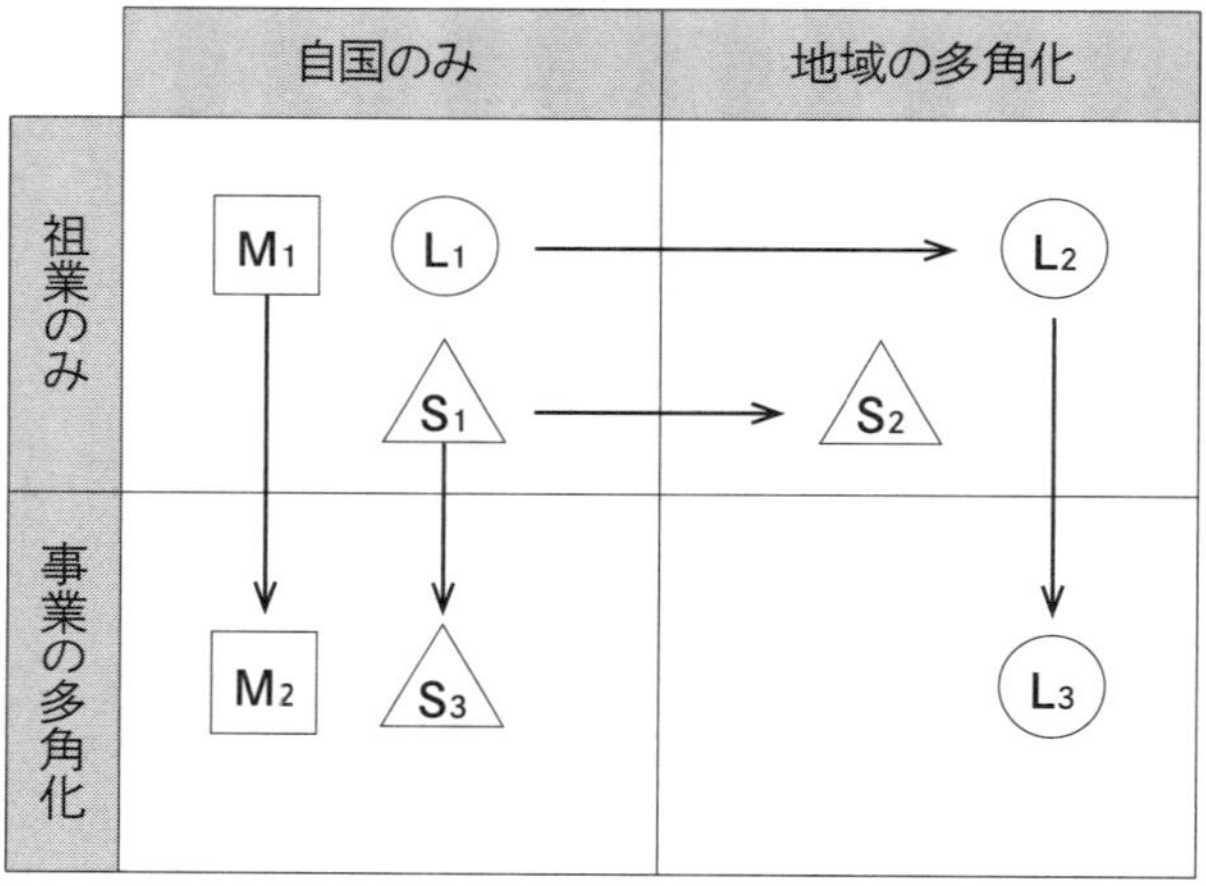

(L) 母国市場が大きい（Large）米国・中国

[M] 母国市場が中規模（Middle）の日本・ドイツ・フランスなど

(S) 母国市場が小さい（Small）韓国・ASEAN・北欧諸国など

出所：フロンティア・マネジメント

図４｜母国市場の規模とコングロマリット経営の関係

ところが残念ながら、自らの母国市場で稼ぐ利益で、グローバル展開をするほどの巨額の利潤は得られない。このため、これら企業は地域の多角化には積極的になれないし、そうする強い合理性もない。結果として母国市場内で事業の多角化を行うことが成長維持にとって合理的となる。図中でいえば、M1からM2への移行がその成長軌道となる。

英国も中規模市場と考えられる。使用している言語が英語だから米国やオーストラリアも市場となるのでは、という考え方もあるが、ことは単純ではない。弊社の提携先の英国企業と話をすると「英国企業が米国企業を買収した後、その米国企業の経営は文化が全然異なるので極めて難しい」という。ここで言う母国市場とは、言語による区分を指すのではなく、歴史・文化・民族などを含めた区分を念頭に置いた方がよい。

図中のSは、母国市場が小さい国である。ASEAN各国、北欧諸国などがこれにあたるだろうし、金融危機後の韓国も同様の可能性がある。

これらの母国市場はあまりにも小さいため、企業は設立後すぐに成長のための多角化戦略を始める。それは、いきなりグローバル市場をターゲットとした地域の多角化戦略になる場合もあるし、地元財閥のように事業の多角化を志向する場合もある。前者が図中のS2となるし、後者が図中のS3となる。いずれにしても、母国市場が小さいため自国内での単一ビジネスでの経営期間が短くなる傾向がある。S2としては、読者になじみある企業では、北欧出身のＩＫＥＡやＨ＆Ｍが好例である。

このように、コングロマリット戦略とひと言で言っても、内容には事業と地域という複数の方向性があるし、各社が出自とする母国市場の大小によっても方向性が異なる影響を受ける。コングロマリットと聞いて、端からその可能性を否定するのではなく、自社の置かれた環境を踏まえて、冷静に可能性を判断する必要がある。

いわずもがなだが、日本の母国市場は今後、米中のような大規模にはなりえない。バブル崩壊直後までは確かに日本は世界第2位の経済規模であった。しかし、それも冷戦後のパラダイム変換によって状況は大きく変わった。

日本が中規模の母国市場であるという前提を踏まえれば、自国内でのコングロマリット戦略は、多くの日本企業にとって合理的な方法と言える。もちろん、地域の多角化を十分に行える日本企業の戦略と企業努力を否定するつもりは毛頭ない。しかし、大多数の日本企業には、自国内コングロマリット戦略こそが経済合理性に適うのではないだろうか。

企業としての最終のゴールは図4の右下のＬ3が位置しているポジションと考えられがちだ。これはユニリーバやネスレのような世界的な消費財メーカーのように選ばれたひと握りの存在だけが可能な戦略である。アップルは依然として売り上げの4割以上を米国で稼いでいる。フェイスブックの売り上げの半分は米国とカナダである、アマゾンに至っては、売り上げの7割近くを米国で稼いでいる。

ＧＡＦＡでさえ右下のＬ３のポジションに行くのに今だに時間を要している。ＧＡＦＡは思われているほどグローバル企業でもない。いわんや日本の多くの企業がＬ１↓Ｌ２↓Ｌ３という戦略を採用するのは容易ではない。Ｍ２というポジショニングは現実的で選択可能な戦略といえる。

前述した東南アジアの例を思い起こしてほしい。大阪のドン、松本のドンになるのは、決して悪くない〝選択〟なのである。

3 ICTの発達で増大する取引コスト

【企業の存在理由＝ユーザーが支払うべき手間の省略＝取引コスト】

「選択と集中」によって、１９９０年代後半以降、多くの日本企業は、自らの中に存在していた組織や事業を外部に売却した。この行為をここからは、組織や企業の「外部化」という言葉で表現してみたい。

一方、自らの外に存在していた組織や事業を、買収や新規事業開発などで自社内に取り込む行為を、組織や企業の「内部化」という言葉で表現する。外部の組織や企業と業務委託契約を結んで仕事をするのではなく、自らの中に取り込んで〝自分で行う〟という意味で、「内部化」は「プリンシパル（principal）化」と言ってもよい。英語の意味では、元金、元本、主役となり、mainに近いが、力関係において主であるという意を含む。

分かりやすい事例として、中国のＬＣＣ（格安航空会社）大手の一角である春秋航空がある。同社は、もともとは春秋旅行という旅行代理店、つまりエージェント（代理人）ビジネスをしていた。航空会社から座席を仕入れ、それを顧客に販売していたのだ。旅行代理店として成長した春秋旅行は、その過程で豊富な顧客網を獲得した。それを最大限活用するため、チャーター便ビジネスを始め、その延長線上としてＬＣＣビジネス、春秋航空を立ち上げた。その後、春秋航空は上場も果たした。春秋グループの成長過程は、まさにエージェントビジネスからプリンシパル化した典型例と言える。

ネットフリックスも同様である。もとはＤＶＤレンタル会社だったが、今や自ら番組制作をするようになった。もちろん誰でもプリンシパル化に成功する訳ではない。日本では旅行代理店やＤＶＤレンタルのベンチャー企業がプリンシパル化を志向しながらも苦戦している。

多くの場合プリンシパル化を進めていくことで、企業は単一業態型企業からコングロマリットへと変態していく。内部化（プリンシパル化）戦略が複数進展した状態の企業が、コングロマリットと言える。春秋グループは現在、ＬＣＣ部門と旅行代理店という二大事業のコングロマリットとなっている。

外部化と内部化は、どちらが絶対的に正しいというものではなく、時代や各社の置かれた環境によって、相対的に選択される経営戦略である。

例えば、レストランというビジネス。レストランという業態が存在していない世界を考えてみよう。ユーザーである消費者は、食材の調達、献立作り、実際の調理、食後の皿洗い、調理器具の洗浄などを、自ら（プリンシパルで）行わなくてはならない。

自ら（プリンシパルで）料理を作って食べるために、実際に支払う費用と時間の総和（＝手間）。これこそが、レストランが存在していない世界において、消費者が支払わなくてはならないコストである。

フレンチ、中華、和食など様々な食事を楽しむ現代人にとって、これらの料理を食べるために、自ら食材調達し、調理して食するための費用や手間は膨大である。だからこそ、外部化された存在としてレストランという業態が成立しているのだ。内部化（プリンシパル化）は、その逆のロジックとなる。少々乱暴な言い方をすれば、企業とは「ユーザーが本来支払うべき手間の省略コスト」によって、その存在が支持されている。

ユーザーが自ら行う場合の手間と、外部に存在している経済主体（企業など）が提供する商品・サービスの価格との比較こそが重要であるという考え方は、経済学者のロナルド・コースの「取引コスト（Transaction cost）」という考え方である。

コースは、ロンドン生まれの経済学者で、１９９１年にノーベル経済学賞を受賞した。

邦訳されている主要著書『企業・市場・法』（東洋経済新報社）は、1990年代にはビジネスパーソンや社会科学系の学生に広く読まれた。

取引コストとは、ユーザーの外部に存在する市場や企業から、部品や資材を調達するなど様々な取引の際に発生する種々のコスト（＝手間）である。前述の例でいえば、レストランに頼らず、自ら食材や調理器具を調達する際の手間こそが、コースの指摘する取引コストの一種と言える。

コースは言う。現実世界において、すべての取引には取引コストが存在していると。これは伝統的な経済学では想定していなかったコストであった。

しかし実際は、コースの指摘通り、すべての取引には様々な種類の手間があり、コストがある。現実の企業や組織は日々取引コストに直面しており、取引コストが最小限になるようなインセンティブを持って合理的に行動する。その合理的な行動（外部化と内部化）の結果として、各々の企業形態や組織形態が決定されてくると、コースは指摘した。

企業内の機能を使って調達した方が、取引コストが安くなる場合、その機能が組織内で行われる。外部に存在している他の経済主体に外注する方が、取引コストが安くなる場合、その機能は組織外で行われる。取引コストを考慮して、組織や企業がそれぞれ取引コストを最小化するような合理的な行動をとることで、各組織・企業の形が最終的に決まる。

これこそが、コースが唱える取引コストのポイントであり、組織や企業形態についての大きな示唆である。

「ネットによる選択肢の増加が取引コストを引き上げる」

ICT（情報通信技術）の発達した現代は、各人や各企業が、数多くの他社・他者とつながることが可能となった。これは、問屋やエージェント会社を中抜きすることであり、机上では合理的な世界に見える。

しかし、実際には、よく知らない他社・他者とつながることは、取引コストの発生と不可分だ。水回りが故障して修理工を呼ぶ場合も、同じ共同体内で何年も顔見知りの整備工であれば、取引コストは小さい。しかし、ウェブで検索して見つけて依頼しただけの、よく知らない整備工との取引であれば、その際の取引コストは大幅に跳ね上がる。

取引される商品やサービスの反復性と汎用性も、取引コストに影響を与える。基本的に、反復性や汎用性がない商品の取引では、取引当事者双方にとって大きな取引コストがかかる。これは、不確実性の問題と言ってもよい。

例えば、持ち家を購入する場合。購入する側の一般消費者は、家の構造や使われている部材についての知識はない。近所にどのような人が住んでいるのか、情報を事前に詳しくつかむこともできない。購入した家の周りの環境が将来的にどうなるかも分からない。持ち家の購入という行為は、1回きりの取引としては、かなり取引コストの高い取引である。

取引コストは、「反復性」と「汎用性」とは〝負の相関〟があり、「不確実性」とは〝正の相関〟がある。現在の日本企業を取り巻く環境は、取引コストを引き上げているのだろうか？　それとも引き下げているのだろうか？

第1章で紹介したように、日本経済の1990年代後半からの大きな変化は、株式の持ち合い解消である。だとすると、株式持ち合いを基礎にして固定化されていたビジネス上の取引も、同様に流動化しているのではないだろうか。

従来は、株式を持ち合うことで、企業同士の通常のビジネスも一定程度の影響を受けていた。株式を持ち合っていた企業同士が、あうんの呼吸で取引を行っていたのだ。これは反復性を伴った取引であり、不確実性も大きくない。

特定の金融機関に株式を保有してもらっていることで、その金融機関が株式を持っている他の事業会社との取引も安定的に行うことができた。これも取引コストの小さな取引だったと言える。

株式の持ち合いが崩れたことで、安定的な反復性ある取引が急激に減少した。今後も株式の持ち合いは継続的に縮少していく。これにより、各社は新しい取引先との新しい取引を必要とし、取引コストが継続的に上昇していく。

加えて、従来は競争相手だった都市銀行同士が合併したことで、系列だった事業会社各社は、各都市銀行を中心に出来上がっていた系列を超えた取引を迫られている。

例えば、三井系と住友系。従来は、各産業における三井系と住友系はライバルであり、直接の取引は一般的ではなかったはずだ。しかし、今では新しい人間関係の構築も含め、かつての安定した反復性のある取引とは異なる企業行動が求められている。

1990年代後半からのもう1つの大きな変化はインターネット社会の進展である。新しい事業を始める場合や新しい取引先を探す場合は、従来であれば既存の知り合いの紹介が中心であった。しかし、インターネットで何でも検索できるようになった昨今は、新規事業を始める際に、インターネットで探した先にメールで問い合わせるなど、従来では考えられないほどの選択肢が我々の眼前に横たわっている。

それ自体は、各社にとって可能性が増えたという点で悪いことではない。

しかし、取引コストという点で考えるとどうだろうか。選択肢の増加は、功罪両方の結果がありうる。メールで問い合わせをして、実際のビジネスを始めるまでの取引コスト（本社機能が負担する場合が多い）は莫大なものになると推測される。

コーポレートガバナンスの強化によって、こうした取引コストはさらに増大している。

企業と外部人材の関係も変わる

企業同士のM&Aも急増している。

1980年代と比べると、現在は毎年10倍程度の件数のM&Aが行われている。M&Aが行われれば、否応なく、買収された側の企業は取引先の変更を迫られる。買収する側も同様となる可能性がある。従業員もそれに対応しなくてはならない。

団塊世代がそろって退職を迎えたことも、各社にとって外部企業との関係再構築に迫られる要因となっている。団塊世代が構築したバリューチェーンの各結節点同士の長期的な関係は、既に崩れ始めている。

接待交際費の大幅な減少で、取引先との飲食を交えた関係もなくなりつつある。接待しながら・受けながら行われていた商談も、経済合理性による昼間の商談へと変化した。

ビジネスもグローバル化した。日本の電機業界が存在感をなくす中で、ビジネスにおける領域を広げてきたのは外資系、特に米国系のIT関連企業である。彼らとの取引は細かな文言をベースにした契約書が基本である。

一般社員にも契約書を読む力が求められ、企業内弁護士が増加している。

契約書をベースとした仕事の増加は、不確実性が増大しているという事実を白日の下にさらしている。とりわけ、ホワイトカラーの領域において、この20数年で、この手の取引コストは急速に上昇していると推測できる。

大量生産・大量消費の時代も終わった。

以前であれば、同じ商品を大量に取引すればよかった。つまり、反復性があり、不確実性がない取引が中心であった。

しかし今は、少量多品種生産の時代だ。

各社は取り扱う商品やサービスのアイテム数を増やす必要に迫られている。しかも、取引されるのは、工業製品のような規格のある商品・サービスではない。再現性がないもの、複雑なもの、秘匿性を持った情報、クリエイティビティが要求されるような高付加価値サービス、金融、情報、映像、ライフサイエンスなど。取引される商品の属性において、反復性と汎用性が低下し、不確実性が上昇した。

ホワイトカラーの働き方も変わった。新卒で入った会社に定年まで勤めるという人ばかりではなくなった。各分野でフリーランスを志向する人も増え、企業はフリーランスのホワイトカラーやすきま時間を使ってアイデアを副業につなげようとする人たちとどのようにうまく付き合っていけるかという課題を抱えている。

インターネット社会は、企業とフリーランス、企業と中途採用希望者・新卒採用希望者との関係性も変えた。従来は既存の関係や知り合いといったつながりをベースにしていたため、企業も人も選択肢が限られていた。

しかし、今ではインターネットを使って膨大な候補者との接点、膨大な企業数との接点を持つことが可能となっている。企業側、フリーランス側、中途・新卒採用希望者側。いずれも不必要なほど広がった選択肢の取捨選択に多くの取引コストを費やしている。

現在の日本企業を取り巻く環境は、間違いなく取引コストが増大する方向で動いている。反復性や汎用性のある取引がなくなり、不確実性のある取引が増大している。

今後も日本企業にとって取引コストは増大していく。

そうであれば、セオリーで考えると、企業はその取引コストを社内に取り込むべきだ。つまり、持たざる経営よりも内部化戦略（プリンシパル戦略）を強化すべきなのである。

これからは、企業とフリーランスの結節点となり、企業の情報をフリーランスに、フリーランスの情報を企業に正確に伝え、両者の取引コストを下げるエージェントビジネスが台頭することだろう。

4

増加するフリーランスの取引コスト問題

［ダニエル・ピンクが提唱した〝フリーエージェントの時代〟］

取引コストは「企業対企業」においてのみ発生する問題ではない。「企業対個人（企業外）」という関係性における取引コストはさらに増大するだろう。

1990年代から、日本では労働者の働き方が大きく変化した。いわゆる〝正規雇用〟と〝非正規雇用〟という対立軸で、センセーショナルに取り上げられた問題だ。総務省の「労働力調査年報」によれば、2017年の非正規の職員・従業員は2036万人と前年比13万人の増加となった。被雇用者全体に占める非正規の職員・従業員の割合は37・3％となっている。

非正規雇用の実態には厳しい労働環境が散見され、ネガティブなイメージが強かった。

特に、1990年代末の金融危機以降、多くの企業が非正規雇用を増加させ、人件費制御を行った。結果として、非正規雇用は1つの社会問題にもなった。非正規雇用者と彼らを支援する団体による政治運動も徐々に熱気を帯び、2008年年末には、その発露として「年越し派遣村」が日比谷公園に開設されるまでに至った。

一方、非正規雇用で働く人たちの中に、「フリーランス」というポジティブな意味を持った新しい呼称が徐々に定着していったのもこの時期からである。非正規雇用としてスポットライトが当たったのがブルーワーカーだったのに対し、フリーランスという言葉はむしろホワイトカラーの新しい働き方として注目を浴びている。

フリーランスとは、もともと中世のイタリアやフランスの傭兵部隊を指す言葉だったようだ。フリーとは自由、ランスとは槍の意味。つまり、フリーランスとは「自由な槍」だ。特定の君主のお抱えではなく、傭兵としてお呼びがかかれば、槍を持ってどこへでも行く兵士という意味で使われていた。

イメージしやすいのは、ITやクリエイティブ系の仕事。フリーのコンサルタントやカウンセラーなども同様である。あるいは、弁護士、会計士、不動産鑑定士など、いわゆるサムライ(士)業の人たち。これら自分の才覚と人脈をベースにして、特定の企業や組織に所属せず、独立して業務を行っている人たちを総称してフリーランスと呼ぶ。

21世紀に入って、日本だけの現象ではなく、ほとんどの先進国でフリーランスと呼ばれる「特定の企業にあえて所属しない働き方」が注目されてきた。その火付け役は、米国の作家・思想家であるダニエル・ピンクの著書『フリーエージェント社会の到来』だろう。ピンクの言うフリーエージェントとは、本書で言うフリーランスとほぼ同義と考えてよい。

1964年生まれのピンクは、クリントン政権下のアル・ゴア副大統領の首席スピーチライターを務めた。その後、自らフリーランス（＝フリーエージェント）を宣言し、「ニューヨーク・タイムズ」や「ワシントン・ポスト」などを舞台に執筆活動をしている。

2002年に日本でも発売された『フリーエージェント社会の到来』は、知識層やクリエイティブに携わる人たちから多くの支持を集めた。ホワイトカラーの新しい動き方として、先進国ではおしなべて大きな話題となった。

ピンクは言う。「20世紀は『組織人間の時代』であった。21世紀はフリーエージェントの時代であり、特定の組織に属する働き方は主力ではなくなる。今後は、能力を保持したフリーエージェントが、プロジェクト単位で複数企業と契約を結んで仕事をするのが主流になる。そして、我々人間の働き方が根本的に変化する時代が到来した」と。

その後もピンクは積極的に著述活動を行い、社会への提言を継続している。日本においても、著名人がピンクの本の解説や翻訳を担当するなど、強い期待感を持ってピンクのフリーランス礼賛の提言は受け入れられた。

米国でのフリーランス人口の伸びは鈍化

では、フリーランスは増加してきているのだろうか？　ホワイトカラーの働き方は大きく変化したのだろうか？

本書を書くにあたり、日本のフリーランスに関する資料や記事に目を通してみた。その多くが、ランサーズ社の年次調査をベースに議論がなされている。ランサーズ社は、日本最大級の仕事発注サイトであり、企業とフリーランスのマッチングを業容としている。

同社は２０１８年４月に「フリーランス実態調査２０１８年版」を発表した。このレポートは、20〜69歳の男女３０９６人を対象にした調査で、そのデータをもとにいくつかの推計を行って発表したのだ。

この調査によれば、日本における２０１８年のフリーランス人口は１１１９万人で、２０１５年の９１３万人に比べて22・６％の増加となっている。日本全体の労働力人口に対する比率も、２０１５年の14％から、２０１８年は17％へと上昇している。なんと既に６人に１人がフリーランスという計算となる。

フリーランス先進国の米国では、2018年のフリーランス人口は5730万人となっており、全労働力人口の35％に達している。この水準と比べ、日本では前述のように全労働力人口の17％がフリーランス人口なのだから、今後さらに日本におけるフリーランス人口は増加する可能性があるというレポートとなっている。

そのとおりなのかもしれない。日本における〝ランサーズ社の言うところの〟フリーランスはまだまだ増えるのかもしれない。

ただ、気になるのは、フリーランス先進国の米国で、最近フリーランス人口がそれほど増加していないことだ。もちろん、ダニエル・ピンクが前述の本を書いた21世紀初頭において、米国のフリーランス人口の比率は25％程度だったので、現在の35％という水準は当時よりは高い。この意味で、ピンクの主張は現実化したとも言える。

しかし、米国では、2015年、既にフリーランス人口の比率は34％に達していた。つまり、ここ3年でフリーランス人口の比率はわずか1％ポイントしか上昇していないのだ。数字を見る限り、米国でのフリーランス化は鈍化してきている。

ひょっとすると、15年以上も前に米国で唱えられたフリーランス論は、本家米国では既に飽きられるほど消費し尽くされてしまった考え方なのではないだろうか。よくある事例と同様に、米国で流行ったムーブメントが10～15年遅れで現在、日本において脚光を浴びているだけの可能性もある。

また、〝フリーランス〟という定義自体も曖昧である。ランサーズ社の調査によると、1119万人という日本におけるフリーランス人口数には我々がイメージするフリーランスとはかなり異なるフリーランスが多く含まれている。

1119万人の内訳をみると、

①特定企業に所属し副業をしている「副業系すきまワーカー」が454万人（構成比40％）

②特定企業に所属せず、フリーで複数の企業と契約して仕事している「複業系パラレルワーカー」が290万人（同26％）

③「自由業系フリーワーカー」が53万人（同5％）

④「自営業者」が322万人（同29％）

となっている。

この4つの分類のうち、①と②の合計数（744万人）の内訳を見ると、先進国で増加していると思われているフリーランス像とは異なった姿が見えてくる。

最も多いフリーランスの仕事は「接客・作業系」であり、165万人に達している。続いて、営業などを主に行う「ビジネス系」が137万人と2位。一般にイメージされているフリーランス像である「IT・クリエイティブ系」は81万人、「コンサルタント・カウンセラー系」は61万人と低水準となっている。

これらは、我々が想起するフリーランス像と合致していない。言葉は乱暴だが、外食産業やサービス産業で〝アルバイト〟的に働いている人がフリーランスの多数を占めているのが実際のところだろう。フリーランス人口は、少々高いゲタをはかされた数字と言える。

過去のツテに頼るフリーランス

そもそも、日本も米国も、それほど自営業の数が多い国ではない。

就業者数に占める自営業者数については、OECD（経済協力開発機構）版とILO（国際労働機関）版があるが、いずれも日本も米国も低位にある。国別の自営業者比率は、OECD版では31カ国中、日本は21位、米国は最下位の31位だ。ILO版では、86カ国中、日本は71位、米国は85位だ。

つまり、日本と米国は歴史的に見て、それほど自営業者が生きていきやすい環境にはない国だとも言える。そのような環境下、日本では、フリーランスが活躍しやすい世界を作り出すことを目指して、2017年1月、プロフェッショナル&パラレルキャリア・フリーランス協会が設立された。

同協会は2018年に第一号となる『フリーランス白書2018』を発刊したが、その中には興味深い調査が見られた。

本レポートでは、職種については、3種類の区分を提示している。ランサーズ社の調査で見られたような、接客や営業といった職種は前面には出てこない。デザイナーや編集者など「クリエイティブフリーランス」、エンジニアやコンサルタントなど「ビジネスフリーランス」、スタイリストや美容師など「職人フリーランス」といった3区分である。

同協会の会員数は、この白書が発刊された時点で827名。会員が多い順に職種分布を見ると、クリエイティブ系が22%、技術開発系が17%、出版・メディア系が15%、コンサルティング系が11%となっており、多くの人がイメージするフリーランスに近い構成となっている。

フリーランスは、読んで字のごとくフリーなのだから、ウェブやSNSなどを使って幅広いクライアントにコンタクトをとることができ、多様な収入源を獲得することができるように思われがちである。しかし、同協会の調査結果からは、ICTが発達した現在とはかけ離れた、極めてアナログで20世紀型とも呼べるフリーランスによるビジネス活動が垣間見られる。

実際に「最も収入が得られる仕事はどのように見つけたのか?」という問いに対し、最も多かった答えは「人脈（知人の紹介を含む）」の39・1％。次いで、「過去・現在の取引先」の31・1％であり、この2つで70％以上を占めている。

ランサーズ社の調査とは異なり、この協会の調査対象は、紛れもなくクリエイティブ系フリーランスである。自らの知見や発想力を武器にして、様々なクライアントに提案営業できるのがフリーランスの醍醐味の1つと言える。

しかし、実際は、せっかくフリーランスという立場を得たにもかかわらず、彼らの営みは、人づてや過去の取引先を中心とした業務になっているということだ。コインの裏表であるフリーランスを使う側の企業としても、人づてや過去の雇用実績があることをベースにフリーランスの起用を決定していることになる。

つまり、企業側もフリーランス側も、固定的・準固定的な関係を築いているのだ。想定外のこの結果の裏側には、本章で指摘してきた取引コストの問題が存在している。企業とフリーランス（個人）の間には、企業と企業の間以上の取引コスト問題が発生している可能性すらあり、これが我々のイメージするクリエイティブ系フリーランスの活動を抑制している可能性があると思われる。

そして、残念ながら、現在、そして今後、この取引コスト問題はさらに深刻化していく可能性が高い。

5 企業とフリーランスとの取引コスト

クリエイティブ系フリーランスが使われない現実

ロナルド・コースが指摘したのは、「現実の企業や組織は日々取引コストに直面しており、取引コストが最小限になるようなインセンティブを持って合理的に行動する。その合理的な行動の結果として、企業形態や組織形態が決定されてくる」という考え方だ。

この考え方を「企業 vs フリーランス」に応用してみるとどうなるか。

企業とフリーランスの間に発生する取引コストの多寡によって、企業は社内に抱えるホワイトカラーか外部のフリーランスか、どちらに業務をさせるかを判断する。こうした日々の経営判断の積み重ねによって、社内に社員として抱えるホワイトカラーと外部のフリーランスの比率が決定してくる。コースの考えが正しければ、そうなる。

企業は合理的に動く機関である。強制的な規制や政策がない限り、企業として収益や企業価値を最大化するよう経営判断がなされている。

日本において、多くの人がイメージするようなクリエイティブ系フリーランスが増えていないのは、企業が合理的に判断して行動した結果なのだ。なぜクリエイティブ系フリーランスが増えないのだろうか。それは、企業にとって、外部のクリエイティブ系フリーランスとの仕事は取引コストが大きいのに、合理性が乏しいからではないだろうか。

少し考えれば想像がつく。

社運を賭けた新規ビジネスを行う際、会ったこともない、取引したこともない、フリーランスをメンバーに加えて計画を立てることはあるだろうか。乾坤一擲の企業買収で急速な成長を目指している際、聞いたこともないフリーランスのアドバイザーを雇って、多額の費用を要する買収戦略を進めるだろうか。

見知らぬフリーランスの素性についての情報を獲得するコスト、見知らぬフリーランスを使ってプロジェクトを進める際のプロセス管理のコスト、見知らぬフリーランスを使って失敗した場合のコストなど、企業側が負担しなくてはならない取引コストは、クリエイティブな仕事になればなるほど、大きなものになる。コーポレートガバナンス・コードやコンプライアンスが重要視される現在では、この種の取引コストの増大に拍車がかかっている。

また、情報の守秘という点でも、外部のフリーランスを使う際の問題はある。単純労働やコモディティの製作であれば、情報の秘匿性という問題はあまり発生しない。しかし、クリエイティブの仕事や企業買収の仕事など、現代的な意味で知的な業務が増えれば増えるほど、守秘義務の問題は重要課題の1つであり、見知らぬ外部のフリーランスを使うインセンティブはこの観点からも低下する。

【相見積もりをとるコスト】

現在は、使う側の企業の現場責任者が多少見知ったフリーランスがいたとしても、コンプライアンスが厳しくなっている時代であり、簡単に発注はできない。知り合いだからといって、知り合いのフリーランスに仕事を随意発注することは容易ではない。むしろ、知り合いだからこそ、特命的な発注は危ないのだ、と上司や社外役員らに指摘される。いくつかのフリーランスからの相見積もりをとって、合理的な選択をするように、と念を押されてしまうのが関の山である。

相見積もりをとるにも、文房具や備品などのコンペは比較的シンプルである。しかし、フリーランスのコンサルタントをコンペで雇う場合はどうだろうか。

ＲＦＰ（Request For Proposal＝提案依頼書）と呼ばれる入札の内容を詳細に作成し、コンサルティングを生業とする複数のフリーランスに、ＲＦＰを送る。その後、それぞれのプレゼンテーションとなるのだが、往々にして、プレゼンテーションの前に、フリーランスの各人からはＲＦＰに対する追加質問が来て、それに対応する時間も必要となる。

各人のプレゼンテーションを聞き、提示価格とともに内容の比較検討をする。今度は会社側から、各フリーランスに追加的なリスクエストや質問を送り、そのやり取りが始まる。コンサルティング料の交渉も必要だし、骨の折れる仕事だ。ようやく、雇用するコンサルタントないしはコンサルティング会社が決まっても、今度は業務委託契約書の文言でお互いの雇用している弁護士同士が細かいやり取りを行う。

考えてみれば、クリエイティブ系ビジネスにおけるフリーランスの雇用では、気の遠くなるような取引コストが発生する。これはフリーランス側も企業側も同様である。また、企業側にとって、自社に与えるインパクトが大きい戦略やプロジェクトの遂行になればなるほど、企業とフリーランスの間の取引コストは大きなものになる。

取引コストが大きければ、そのコストを払ってまで使ったこともないフリーランスを比較検討して使うというインセンティブはなくなる。と同時に、企業統治の関係で、知り合いのフリーランスを特命的に使うことも忌避されるようになる。

小さなインパクトしかないプロジェクトの場合、今まで使ったことがないフリーランスを試験的に使ってみるということもあるだろう。ただし、その場合は、使ったことがないフリーランスを使うリスクを織り込んだ分だけ、フリーランスにとっての受注金額は小さなものになる可能性が高い。

フリーランスは独立して自らリスクをとっている分だけ、そのリスクに見合う報酬を得なければ、継続して存続することができない。

しかし、フリーランス側が余人をもって替え難い場合以外、企業側がそれを配慮する必然性は乏しい。むしろ、企業側は企業価値を増大させるため、可能な限り相見積もりを行い、可能な限りリスクを回避し、経済合理的にフリーランスを使っていくこととなる。

こうした企業行動が続くと（実際に続いているのだが）、フリーランス、特にクリエイティブ系ビジネスを行うフリーランスは簡単には増大していかない。

ランサーズ社が報告したような、接客や営業など〝広義〟のフリーランスは確かに増加している。しかし、増大基調にある取引コストの存在を考慮すると、クリエイティビティや専門性が高い仕事になればなるほど、我々がイメージするようなフリーランスは使われなくなるのではないだろうか。

広義のフリーランスは今後も増加する

おそらく、今後のフリーランスは、2つの種類によって、異なる将来を迎えると考えられる。それは、付加価値の高低による分類である。

実際にその業務をされている方には大変申し訳ないが、議論を簡便にするため、ランサーズ社のレポートにあるようなアルバイト的にサービス業や外食産業で働いているフリーランスを「広義のフリーランス」として1つの類型とする。もう1つの類型は、クリエイティビティや付加価値が高く、我々が当初想起していたような「狭義のフリーランス」である。『フリーランス白書2018』にあるようなデザイナー、編集者、エンジニア、コンサルタントなどがここに含まれる。

前者の広義のフリーランスは今後も拡大していくだろう。一方、後者の狭義のフリーランスは、各人の能力の希少性を背景に、斑模様の動きになると思われる。

ランサーズ社の調査で多くを占めていたサービス業や外食産業で働く広義のフリーランスに属する人たち。これらの人たちの業務は、狭義のフリーランスの人たちと比べて、際立ってクリエイティビティや専門性を有するわけではない。

企業側から見て、こうした分野でフリーランスを使う理由は、コストの優位性か繁閑の平準化のどちらか、あるいはその両方である。

この業務をするフリーランスは、企業にとって社運を賭けた新規ビジネスの企画や、乾坤一擲の企業買収の根幹にタッチするわけではない。また、ある種のコモディティ業務に近くなるので、他のフリーランスとの互換性も高い。つまり、この分野のフリーランスを使う際に、企業とフリーランスの間に取引コストはそれほど発生しない。

そのため、フリーランスの増加は、この分野が先頭を切って進んでいるし、今後もこの分野が牽引《けんいん》役になるのではないかと思われる。収益増加が命題となっている企業側からすれば、収益を引き上げたり、企業の稼働の繁閑を埋めたりするための存在は貴重だからだ。

ただし、企業側から見たコストと繁閑が大事なのだから、広義のフリーランスに属する人は、不断の報酬減額プレッシャーにさらされる可能性は高く、仕事の繁閑が激しくなることも避けられないだろう。

一方、企業と広義のフリーランスをマッチングする仕組みができれば、企業にもフリーランスにも好ましい状況を作り出せる。広義のフリーランスの業務はコモディティ的であるし、企業との取引コストも小さい。接客など物理的にクライアントの近くで行う作業を除けば、ＩＣＴを使って遠隔でこまぎれの時間を使った仕事が可能である。

子育て中の元キャリア女性、定年退職した元銀行員、体調不良で自宅治療中のホワイトカラー。彼ら、彼女らの短時間労働もまた企業の生産性を高めるだろう。短時間労働の対象は単純な事務作業からコンサルティングや医療の診察などにも広がっている。

【クリエイティブ系フリーランスの将来は?】

おそらく、世間一般がイメージするフリーランスの人たちは、「狭義のフリーランス」に属する。

狭義のフリーランスに該当するような人は、幼いころから独創性や創造性などの面で優れた能力を発揮していたに違いない。

学生時代も、社会人になっても、少し目立つ存在。企業においては、一般的なホワイトカラーとは異なった存在として認知されていた。企業内専門職などと称して厚遇される場合もある。彼らは、組織の一部として仕事することに漠然とした違和感を持ち、社歴を重ねていく中でフリーランスとして独立する人も少なくない。

しかし、彼らは、取引コストの罠にはまるリスクがある。

独立はしてみたものの、圧倒的に突き抜けたクリエイティビティや専門性が発揮できないと、企業や官庁など新たなクライアント候補に対して、特段の強い交渉力を持つことができないからだ。前述の調査で、フリーランスの報酬の出所が、人づてや過去のクライアントがほとんどだということが分かったが、それは新しいクライアントを確保できない現実を映し出している。

企業側も、圧倒的知名度や実績がないフリーランスには、特命的にプロジェクトを発注しない。相見積もりで、多少厳しめの予算でも受注してくれるところに発注をすることとなる。

また、圧倒的なクリエイティビティや専門性がない場合、その能力や知見はプロジェクトの中で繰り返し披露されることで、雇用側である企業内のホワイトカラー正社員へと移転し、内部化される。企業内のホワイトカラー正社員は、独立するリスクはとらないものの、新しいアイデアや手法を吸収して企業内で体系化する力には優れている場合が多い。するとフリーランスを有料で雇用したプロジェクト業務は終了となり、企業はフリーランスのサポートなしでの〝自走〟を始める。

こうなると、狭義のフリーランスたちは、形式上のフリーランスという立場を維持しながら特定企業の〝準社員〟として生きていく道か、企業の中に社員として再度組み込まれる道かを選ぶのが合理的となる。

いずれにしても、狭義のフリーランスの仕事が、相当の部分において、特定の組織や企業との固定的な業務になる可能性が高いのだ。これは、「固定化されたフリーランスの業務」という、言語として奇妙な状態となる。

フリーランスにとって、仕事をする相手の固定化は、クリエイティビティの維持・向上とは異なる方向性にある。狭義のフリーランスは、クリエイティビティを背景にフリーランスという存在になったものの、仕事相手の固定化でクリエイティビティを喪失するリスクを負うというパラドックスを多分に抱えた存在となる。

見知った相手と業務をするのは楽しいし、取引コストも小さい。頼みごともメールなど非同期型のコミュニケーションになるので、時間効率もよい。しかし、同じ人との継続的な仕事はクリエイティビティを低下させる。

これは狭義のフリーランスの存在意義の死と隣り合わせとなる。

このパラドックスを回避する唯一の方法は、クリエイティビティや専門性が突き抜けて優れた状態になることである。

売れっ子クリエイター、敏腕医師、人気アーティストなどが、これに相当する。彼らは、その知名度や能力を背景に、企業や官庁に対しても圧倒的な交渉力を持つ。自らの時間管理やライフスタイルを保持し、その吸引力から周りを巻き込み、社会的にもインパクトのある仕事をしていく。

ただし、こうした状態に達することができるフリーランスはひと握りである。彼ら以外の多くのフリーランスは、企業との間に発生する取引コストという大きな壁の前で、フリー（自由）になるのではなく、フリーズする（凍りつく）こととなる。

【市場経済への脅威となる副業の増加】

特定の企業に属しながら、空き時間や週末を使って、副業をすることは今後増えていくだろう。新しいホワイトカラーの働き方とも言える。これをフリーランスに含めるのであれば、フリーランスは今後も増加するだろう。

しかし、副業の増加とは、当初ダニエル・ピンクが想定していたようなフリーランスの増加なのだろうか。知的労働を行う自由意思を持った人間が、複数の企業と対等の立場で業務委託契約を結び、自らの優れた能力を発揮するというフリーランス像は、ひと握りの突き抜けた存在だけが到達可能な幻想なのかもしれない。

しかも、特定の企業に所属しながら行われる副業は、本質的な問題をはらんでいる。

それは、商品やサービスの価格メカニズムへの脅威である。

副業として行う業務が、既存の市場経済の範疇に入らない分野での活動であるならば、問題はない。無料のボランティアかそれに近いものであれば、一向に構わない。そもそも市場経済の時空の外での話であり、市場経済の中で合理的に機能している価格メカニズムとは独立しているからである。

しかし、副業として行う業務が、市場経済で取引されている商品やサービスで、それらが価格メカニズムによって値段と取引量が決まっている場合は、どうだろうか。

副業を行う人間は、特定の企業に所属しているのだから、そこからの給料である程度の生活が維持できる。だとすると、副業の時間で作り出した商品やサービスを、価格メカニズムで決まった値段よりも、有意に低廉な値段で提供する可能性が高い。

自分にとって本業ではなく副業の仕事。しかも、わざわざ空き時間や週末の時間を投資して生み出した商品やサービスだ。低廉価格での販売でもよいので、なんとか商品やサービスをマネタイズしたい。

副業をする人間に、こうした欲求が出ることは極めて自然だ。

副業の増加は、価格メカニズムにとって大きな脅威である。同一の商品やサービスを、本業のフリーランスとして提供している人間にとっては、強烈な価格低下圧力となる。あるいは、同一の商品やサービスを提供する企業にとっては死活問題ともなりうる。

特に、商品と異なり大量に在庫投資ができないサービス業において、副業による価格メカニズムへの挑戦は大きな脅威となるだろう。

現在でも、様々な家事労働がなかなか組織立って収益を生み出せるような産業にならないのは、対価を受け取らない主婦・主夫・祖父母の存在が大きいと言われている。外部の人間の投入労働時間に見合ったプライシングが、対価を受け取らない人間の存在によって、競争にさらされているからである。

今後、副業が増えれば増えるほど、価格メカニズムは脅かされ、市場経済は副業による挑戦を受けることとなる。フリーランスの健全な増加のためには、最低ラインの時給や日給の遵守など副業型フリーランスによる賃金のダンピング禁止を厳格に行っていく必要がある。

「取引コストの高い国ほど自営業者は少ない」

特定の企業に属さず、フリーランスになることのハードルは高い。

だからこそ、米国のアップワーク社や日本のランサーズ社のような、企業とフリーランスをつないで取引コストの低減をサポートする企業が成長している。また、企業やフリーランスはそういったサービスに対価を払うのだ。

日本で参考資料として言及されている米国のフリーランス事情は、そのほとんどが"Freelancing in America"という資料であり、これはアップワーク社によるものである。同社は、クラウドソーシングの米国最大手であり、2015年に同業界の1位と2位が合併してできた会社だ。

日本でも米国でも、皆が依拠しているフリーランスに関する資料は、フリーランスと企業をつなげる仕事をしている会社によるものである。言いすぎかもしれないが、それなりにフリーランスが増加することを望んでいる人たちによるポジショントークを含んだ内容なのである。

米国では日本と異なり、フリーランスが、独立して、クリエイティビティを発揮し、活き活きと生活しているのだろうか。フリーランスになるためのハードルの高さは、自営業者が各国でどの程度活躍しているのかを見れば明らかである。

前述したように、全就業者に占める自営業者の比率は、OECD版では31カ国中、日本は12％で21位、米国は7％で最下位の31位だ。トルコ、ギリシヤ、メキシコが上位3国であり、3カ国ともに30％を上回っている。英国が15％と日本より上位であり、ドイツは12％と日本とほぼ同水準にある。

自営業者比率の低い国は、コンプライアンスが厳しかったり、政治家や官僚の汚職に厳格だったりする国（つまり、取引コストが高そうな国）が多いと感じるのは筆者だけだろうか。自営業者比率の低い順に並べると、米国、ノルウェー、エストニア、カナダ、デンマーク、スウェーデンとなる。逆に高い順に見ると、トルコ、ギリシヤ、メキシコ、韓国、ブラジル、イタリアとなる。

前述の米国の資料“Freelancing in America”には、近い将来、フリーランスが、そうでない人（ノン・フリーランス）を上回るというような予測も出ている。

しかし、クリエイティブ系フリーランスは広がりにくい。彼らが収入の糧としているのは新しいクライアントではなく、過去のクライアントであったり、知り合いの知り合いだったりする。ノン・フリーランスの組織人間が圧倒的多数で存在し、組織人間が汗をかいて利益を生み出す企業が存在して初めて、クリエイティブ系フリーランスは存在できる。

おそらく、企業行動を監視する動きは、今後も拡大していくだろう。それはとりもなおさず、企業と外部との取引コストの増大を意味し、フリーランスとの関係性にも大きな影響を及ぼす。この取引コスト問題の根本的な解決なくして、クリエイティブ系フリーランスが爆発的に増加することは難しいだろう。

第3章

M&Aの成否は取引コストで決まる

1 非大企業で問題化する取引コスト

「境界統合」型という新しいM&A類型

日本におけるM&Aは着実に増加している。

1980年代後半のM&A件数は、年間500件程度であったが、2017年には3000件を超えた。前述した通り1営業日当たり10件以上のM&Aが行われている計算となる。金額ベースで見ても、1980年代後半の年間数千億円というM&A成約金額から、2017年には年間20兆円を上回る水準へと上昇している。

日本に限らず、世界全体での流動性の上昇が、企業各社の投資意欲を旺盛にしている。また、株式市場が活況となり、各社のバリュエーション(株価指標)が上昇したことで、投資ファンドも含めて株式の売り買いが活発化していることも、M&A市場を件数的にも金額的にも牽引している。

Ｍ＆Ａの目的は、企業によって様々だ。

Ｍ＆Ａをアドバイスする専門ファームのホームページや、内閣府経済社会総合研究所の「Ｍ＆Ａ研究会報告書」などを見ても、一般的には、①水平統合（同業買収によるシェアの拡大）、②新規ビジネスへの参入、③垂直統合（バリューチェーンの川上・川下の買収による内部化）、の３つがＭ＆Ａの主な目的として記載されている。

２０１８年5月、武田薬品工業はアイルランドの製薬大手企業であるシャイアーを約４６０億ポンド（当時の為替レートで約6兆８０００億円）で買収することを発表した。これは、日本企業による過去最大規模の海外企業買収で、同社はこれで世界の製薬会社のトップ10入りを狙うと宣言している。まさに、同業買収によるシェア拡大のための水平統合型Ｍ＆Ａ（①）である。第2章で指摘した地域の多角化であり、日本企業としてこのような戦略を採用できる武田は稀有な存在と言える。

２０１８年9月に発表になった、米飲料大手コカ・コーラ社によるカフェチェーンの買収は、新規ビジネスへの参入型Ｍ＆Ａ（②）の好例である。こちらも、母国市場での潤沢な利益を用いての地域の多角化である。

買収対象は、英国に拠点を置くカフェチェーン「コスタ・コーヒー」を展開するウィットブレッド社。同社は既に中国国内に約450店舗を有しており、今後の成長市場である中国において橋頭堡を築いていることが、買収の背景にあると言われている。コカ・コーラ社は、この買収によってカフェ方式での中国参入という新規ビジネスにおいて時間を買った。

武田薬品工業（①水平統合）やコカ・コーラ社（②新規ビジネスへの参入）によるM&Aは華々しいニュースであり、耳目を集めやすい。一方、③の垂直統合型は、取引先の取り込み（内部化）の話が中心であり、地味な印象がある。

インターネットで、垂直統合事例などを検索しても、教科書的なものは多く出てくるが、事例としては多くない。GFリサーチ合同会社代表の泉田良輔氏による『日本の電機産業何が勝敗を分けるのか』のように垂直統合の重要性を真正面から議論した書籍もあるが、その成功事例や対象はマイクロソフトなどグローバルに活躍するテクノロジー企業であり、日本の多くの企業への一般的な示唆とは少し異なっている。

さらに言えば、一般的に使われている垂直統合という言葉自体、当該企業が所属するバリューチェーンの川上・川下のM&Aという話が前提である。本書で扱う取引コストの考え方は、バリューチェーンに限らず、日々企業が直面している様々な経営活動における有形無形のコストを対象としている。

垂直統合という言葉が指す領域は、取引コストが扱おうとしている時空に比べると、あまりに狭小の感がある。

コースが提唱した取引コストの考えは、アカデミズムの世界では既に一般的に認知され、当たり前の前提となっている。しかし、ビジネスの世界では十分に認識されていない。少なくとも日本では。

M&Aの世界では、金融工学を使い、高精度のキャッシュフローモデルの構築に多くの時間が割かれてきた。それはそれで大事なことだ。しかし、今後は、取引コストがさらに増大し、企業経営に大きな影響を与える時代になってきた。

だとすれば、不可避的に、取引コストを削減するためのM&Aが盛んになるはずだ。それは、①~③の言葉で表現することが難しい型の新しいM&Aとなる。

企業は、自らの時空の境界と接点を持つ経済主体（企業やフリーランスなどの個人）と、商品・サービス・情報などを取引する際に発生する取引コストを削減するインセンティブが出てくる。水平でも垂直でもない、企業にとっての境界全般なのだ。

企業の境界を取り巻く周辺全体がM&Aの対象として議論される時代がやってくる。その際のキーワードは「境界統合」型という新しいM&Aの類型となる。

考え方によっては、境界統合型はまったく新しい型ではないのかもしれない。垂直統合型（③）の拡大版という理解でもよいし、境界統合型に垂直統合型（③）が内包されているという理解でもよいと考えている。

【多国籍企業の分析手法として始まった内部化】

前章でも議論した通り、現在の企業を取り巻く環境においては、取引コストは継続的かつ不可逆的に増加している。企業集団の流動化、インターネット環境の発達による取引先選択肢の増加、コンプライアンス強化やコーポレートガバナンス・コードの導入による取引先との関係再構築、フリーランス増加による膨大な外部経済主体との取引など。

これらの各要素が、単独的に、あるいは複合的に、日本の各社の取引コストを引き上げ続けていく。

増大する取引コストの問題に直面した日本の各社は、いかに取引コストを引き下げるかという命題に迫られ、自らの境界上に存在している外部の経済主体（企業やフリーランスなどの個人）を自社に内部化していくこととなる。これこそが、今後増大するだろう「境界統合」型のM&Aである。

歴史的に見ると、取引コストの概念をベースにして、企業が外部に存在している経済主体を内部化すべきだという議論は、1970年代までさかのぼることができる。理論的支柱としては、元ハーバード大学教授のスティーブン・ハイマーが出版した『多国籍企業論』が出発点ではないかと思われる。

この書名のごとく、同書出版当時の内部化論が対象としていたのは、多国籍企業であった。多国籍企業とは、経済活動を出自の自国のみに限定せず、複数の国に拠点を置いてグローバルに活動している大規模企業を指す。

多国籍企業の事例には、シティグループなど金融機関が多く、事業会社ではGEやボーイングなど米国企業に多い。日本では、三菱商事など大手総合商社や、トヨタ自動車など大手製造業が、多国籍企業の範疇に入る。

1970〜80年代は、日米欧の先進国に籍を置く多国籍企業が、対外直接投資（FDI：Foreign Direct Investment）を激増させた時期である。この多国籍企業のFDI増加という行動パターンを説明する理論として、内部化論がもてはやされた。

この時期は、現在と異なり、米ソ冷戦が続いていた時代でもある。中国も資本主義経済圏に組み込まれておらず、世界は政治・経済・情報などで分断された状態にあった。インターネットも存在せず、通信機器もローテクであった。

このため、国ごとに情報や市場が閉じた状態になっており、企業にとってグローバルに自由な経済活動を行うことは容易ではなかった。つまり、世界を相手に商売をする多国籍企業にとって、自国以外でのビジネスを行う場合の取引コストは甚大であった。

ハイマーの内部化論とは、「多国籍企業にとって、原材料・部品・製品を市場（つまり自社の外部）から調達するには、取引コストがかかり過ぎる。むしろ、内部化して自社内で調達（生産）するほうが、利益がより大きい」という考え方である。

多国籍企業が、自国以外で原材料・部品・製品の調達を内部化するということは、他国において自らによる工場建設やM＆Aをすることであり、多国籍企業のバランスシートから見ると直接的な海外投資となる。貸借対照表（B／S）の力を使って、自社の「境界統合」型M＆Aなどを行い、取引コストの削減を通じて、損益計算書（P／L）を浮上させるという考え方である。

しかし、１９９０年代に入り、この内部化論は下火となる。

米国の代表的な多国籍企業の業績が相次いで悪化し、各社とも経営戦略の転換を迫られたからだ。日本銀行調査統計局の「米国の製造業における１９８０年代~90年代の経営改革」によれば、１９８０年代後半以降の米国の多国籍企業は、採算性の低い分野から撤退して、成長分野や優位分野に事業をシフトさせた。言わば「選択と集中」の源流である。主なものは次のとおりだ。

・GE——戦略的事業を絞り込んで事業買収と売却を進めた
・インテル——DRAM事業から撤退し、CPU事業にシフト
・モンサント（現バイエル）やデュポン（化学）——汎用化学製品部門を縮小し、バイオや電子部品に集中
・バレロ・エナジー（石油精製）——軽油などの輸出を強化し、国内向けのガソリン精製を縮小

なお、多国籍企業の業績が悪化した要因は複合的と考えられる。業績悪化の要因として真っ先に指摘されたのは、多国籍企業の経営資源が効率的に使われていないのではないかという疑問である。

前述のような著名多国籍企業の業績が相次いで悪化することで、株主や債権者などステークホルダーから、内部化論への懐疑が一斉に噴き出した。不採算事業から撤退し、得意分野だけに集中するべきだという論調が取締役会や株主総会で主流派を占め、そしてそれが実行された。

組織運営の問題も挙げられた。多国籍企業のFDI推進によって、グループとしての組織が肥大化した問題である。

組織が肥大化すると、組織のトップからの指示命令が、各地の現地担当者のもとに到達して徹底されるまでに時間を要する。意思決定の迅速性が喪失し、これが多国籍企業の業績を悪化させたという考え方である。この問題を防ぐには、いかに指示命令における権限移譲を行うかということにも尽きる。

【中堅・地方企業で再燃する取引コスト問題】

取引コストという側面からも、1990年代という時代は大きな変化点だった。

冷戦の終焉により、東欧やロシアの経済活動の閉鎖性が薄れ、資本主義経済に組み込まれた。1978年に改革開放を始めた中国は、1992年以降には社会主義市場経済という挑戦的な試みを始め、2001年にはWTO（世界貿易機関）加盟を果たした。

つまり、資本主義陣営にとっての新しい市場の枠組みが整備されたことで、多国籍企業の内部化論を支えていた取引コスト問題が希薄になったのである。

米国や欧州に本拠を置く法律事務所や会計事務所が本格的に海外進出を始めたのもこの時期である。投資銀行も同様に1990年代にグローバル展開を開始した。こうして国家やアドバイザーによるサポートもグローバル化され、多国籍企業がグローバルで業務を行う上での取引コストは冷戦時代に比べて大幅に減少した。

多国籍企業による内部化戦略の背景にあった取引コスト問題が希薄化することで、ハイマーから始まった〝多国籍企業の内部化論〟は経済メディアの主役をいったんは降りることとなった。

しかし、ここにきて、様相は一変した。

経済のグローバル化が進展することで、多国籍企業のような各国を代表する超大手企業だけでなく、中堅企業や地方企業であっても海外展開を行うようになった。M&A仲介のレコフ社のデータによれば、2011年から2017年の間で、日本の未上場会社による海外企業の買収件数は47％増えている。

日本企業にとって、海外企業を買収してグループの中へ内部化するという戦略は、以前はトヨタ自動車など日本を代表する製造業大手にだけ与えられた戦略オプションであった。しかし、現在では、未上場企業でさえ、さらなる企業価値の拡大に向けて、積極的に海外企業を買収して内部化をし始めている。

外務省が発表した「海外在留邦人数・進出日系企業数の調査結果（2018年版）」によれば、1989年時点での日本人の海外居住者（長期滞在者と永住者の総和）は58万人であったが、2017年には135万人と2・3倍に増加している。また、日本企業の海外拠点数も、2005年の3万5000拠点から、2017年には7万6000拠点と10年強で倍増以上となっている。経済のグローバル化は冷戦終焉後よりも、現在の方がはるかに速いスピードで進展している。

多国籍企業のFDIとして語られていた「取引コストと内部化」の問題が、別の切り口で改めて重要になってきている。それは、経済のグローバル化に伴うものだけではない。前述したように、株式の持ち合い解消、系列取引の崩壊、インターネットを介した多数の取引相手の選別、コンプライアンスの強化、コーポレートガバナンス・コードの導入、フリーランスとの協業の増加など、日本企業を取り巻く環境変化の影響は、超巨大な多国籍企業にだけ突きつけられた課題ではない。超巨大企業であれば、社内の優秀な社員が、こうした問題をうまく処理することで、売上高や利益に対する取引コストを比較的低位に収めることが可能だろう。

むしろ、優秀な社員を多数コーポレートスタッフとして社内に抱える余裕に乏しい中堅企業、地方企業こそ、急増する取引コスト問題に直面している。

企業の経営陣は、取引コスト問題を明確に把握、意識できていない場合が多い。取引コストは、経営陣にとって〝ステルス〟型で表面化しにくいケースが多いからである。

自社の現場スタッフが、外部の取引先とどれほど大変な交渉、あるいは手間のかかる作業をしなくてはならないか、経営陣は把握しづらい。自分が若いときに行っていた外部との（現在から比べると比較的容易だった）交渉の記憶に、強く影響を受けた思考パターンから脱却できない場合が多いのである。

結果として、１９９０年代以降の経営環境の変化と、それが外部取引先との間に生み出している膨大な取引コストの変化に気づけていない。なぜ、本社コストが膨張するのか。なぜ、残業が常態化するのか。なぜ、部下が疲弊するのか――。

経営陣は、取引コストが、時代の流れの中で不可避的に社会システムの結実として発生することが理解できない。だからこそ、現場や本社スタッフの働き方が非効率ではないかと感じてしまう。結果として、現場は、戦略や仕組みの抜本的な改革ではなく、〝ガンバリズム〟で乗り切ることを経営陣から期待される。

強調しておきたいのは取引コスト問題を抱えているのが、超巨大企業だけではないことである。

むしろ、上場中堅企業や地方企業、未上場企業こそが、グローバル化を含めて業容拡大を進展させる上で、取引コストの上昇に直面しているのだ。これら非・超巨大企業の取引コスト問題を、境界統合型Ｍ＆Ａを含めて解決することが日本企業における喫緊の課題となっている。

2 プライシング、買収後プロセスが変わる

【３つの一般的なプライシング】

Ｍ＆Ａの実務で最も議論になるプロセスの１つは、「いったい対象会社や対象事業をいくらの値段で買収するのか？」というプライシングの問題である。買収ではなく売却の場合も同様である。

もちろん、入札で買収や売却をする場合は、入札結果こそが市場価格である、という考え方もある。しかし、入札結果だけでは、本当に自社の株主やステークホルダーにとって、その値段での買収や売却が妥当なのかということを正確に説明することはできない。

そこで、買収（あるいは売却）対象の事業や企業が、一般的に共通常識となっている計算方法を使用すると、どれぐらいの値段になるのか、という視点での金融理論が１９８０年

代以降、加速度的に発達してきた。

昨今のM&Aの実務で一般的に使用されているのは、①ディスカウンテッド・キャッシュフロー（DCF：Discounted Cash Flow）方式、②類似会社方式、③類似取引方式の3種類である。

スタートアップの会社や、利益が出ていないようなIT企業の場合は、①〜③以外の方法で無理やり計算式を作ることもある。例えば、売上高に対する時価総額の比率や、獲得している累積の会員数1人当たりの株式価値などを使い、様々な試みが行われている。ただし、この手の計算方法は、金融工学などの社会科学というよりも、アートの世界になるので（社会科学でないからダメという訳ではないが）、ここでは議論の対象としない。

ごくごく簡単に①〜③の手法を説明する。

①のDCF方式では、買収（売却）対象の事業・企業が今後生み出す将来のキャッシュフローを計算する。

一般的な手法としてはまず、今後数年間（3年分だったり、5年分だったりする）の年度ごとのキャッシュフローを計算し、それ以降の年間キャッシュフロー創出額を一定とする。それらの計算された将来のキャッシュフローを一定の割引率（金利水準や事業の安定度などを考慮）で現在価値に割り戻し、当該事業・企業の現時点での価値とする。将来生み出すキャッシュフローを今いくらで買うのか、という発想である。

今日最も一般的に使用されている計算方法であり、大学や大学院の授業でも最初に教えられる手法である。M&Aの現場でも、上司が部下に「DCFやっといて！」と指示すれば全員が何のタスクを命じられたかが分かるくらい、常識的となっている。

②の類似会社方式では、買収（売却）対象の事業・企業と同じような業務をしている上場企業を複数社選定する。それら同業の上場企業の株価指標（利益の何倍の株価となっているかなど）を使って、当該事業・企業の価値を類推して計算する方法である。

株式市場で取引されている同業他社と同じぐらいの値段で売買する、という発想である。この方式は、DCF方式と比べて、表計算ソフトで面倒な計算をしなくてもよいので、売買対象となる事業や企業の値段の大雑把なイメージを瞬時に把握するのに長けている。

例えば、売買対象となっている事業の償却前営業利益（営業利益に減価償却費を足したもの）が10億円とする。また、同じ事業を営んでいる上場企業の株価指標（例えば、時価総額÷償却前営業利益）が5倍とする。この場合、売買対象事業の大まかな価値は、10億円と5倍を掛け合わせることで、50億円前後と類推することができる。シンプルで正確性には欠けるが、商談中に素早く価値を暗算して、会話をさらに深い内容にしていく時などは有効な手法と言える。

③の類似取引方式では、買収（売却）対象の事業・企業と同じような業務をしている事業・企業の最近の売買取引事例を探索する。実際の取引がどの株価水準で行われたか（利益の何倍の株価で取引されたかなど）ということを使って、当該事業・企業の価値を類推して計算する方法である。

これは、他の人が最近同じような事業や企業を売り買いした水準と同様の値段で売買するという発想であり、②の類似会社方式と同じく、シンプルで多少粗野なアプローチである。売買対象事業・企業の利益やキャッシュフローに、取引実績からその倍率を算出して、掛け合わせるだけである。ただ、最近のM&Aマーケットの熱量の度合いを大まかに把握するには、それなりに意味のあるプライシング方法と言える。

シナジーをプライシングに含める

以上見たように、①〜③のプライシング方法は、純粋に、対象となっている事業や企業の利益やキャッシュフローのみが分析の対象であり、それをベースに事業価値や企業価値を算出する。そのM&Aを行った場合の、買い手や売り手に発生する種々のメリットやデメリットについては、①〜③のプライシング方法の外枠で考える必要がある。

同業他社を買収して、同業界内でのシェアを上げるような水平統合型のＭ＆Ａであれば、外枠のメリットを考えやすい。

例えば、前述の武田薬品工業とシャイアーの経営統合の場合。２０１７年度時点で、武田の売上高は１４４億ドルで、世界の製薬企業売上高ランキングでは17位。シャイアーの売上高は１１４億ドルで、ランキングは22位。両社合算の売上高は２５８億ドルで、業界ランキングは9位とトップ10入りとなる。

このようなＭ＆Ａの場合、マーケットシェアを引き上げることで取引先との価格交渉はより好ましい状態となり、単なる売上高や利益の合算以上の収益アップが期待できる。また、両社の研究開発や広告宣伝など、多くのシナジーが期待できる。

本社スタッフが重複している場合は、重複分をなくし、他の分野で活躍してもらうなど、スタッフの効率的な活用という視点でのメリットも考えられる。工場や拠点が重複している場合は、これらの統廃合を行うことでのシナジーも視野に入ってくる。

一般的に水平統合型のＭ＆Ａでは、シナジー効果について、会社側も、会社をサポートする立場のＭ＆Ａアドバイザー側も綿密に議論する場合が多い。経営側にとってもシナジーの話は分かりやすいし、現場も経営側のリクエストに応えて計算がしやすい。

買収する側であれば、そのシナジー効果分をそっくりそのまま自社で抱えるのか、それとも入札ならば、シナジー効果の何割を入札価格として売却側に差し出すか（入札価格に上乗せするか）という入札価格の基準にもなる。

重複スタッフの効率活用の話は、買収対象企業が深刻な経営不振に陥っている場合は、買収直後からの重要な戦略ターゲットとなりうる。ただ、経営不振企業以外が対象の場合は、様相が異なってくる。

日本では深刻な経営不振企業以外では、従業員の削減が容易とは言えない。相応に利益を計上している企業同士の統合の場合は、この部分を深く掘り下げるような議論を短期的に行う事例は多くはない。「中長期的な話」ということで、人員の効率化は比較的経営陣が避けたがる話となっている。

余談だが、筆者はクロスボーダーのM＆Aの現場に立ち会うことが少なくないが、買収側の外国企業が最も気にすることの1つは、被買収側の日本企業において従業員の削減が他の先進国と比べて極めて困難なことである。

これは買収側企業が欧米企業ではなく中国企業であっても、同様の質問がなされる。日本のメディアでは、中国における日本企業の工場閉鎖などの困難性がよく伝えられているが、中国企業はむしろ、M＆A実施後に日本企業における構造改革が困難であることを心配している。

一方、新規ビジネスへの参入のためのM&Aの場合、前述のようなシナジーはない。ストレートに、対象となっている事業・企業の価値に対して、その対価を払うという方法となる。

新規ビジネスとしてのM&Aを企図する場合、一般的には①~③のプライシング方法で、買収対象の事業・企業の価値を算出する。そして、売却側と相対交渉なのか、入札方式なのか、といった買収における競争条件を加味して、買収価格を提示することとなる。

この種のM&Aにおいては、シナジーも取引コストも考慮に入れる必要がないので、純粋に買収対象の価値と、他の買収候補企業との競争関係といったシンプルな構図となる。買収側の企業が、買収のための資金調達のコストをどれぐらい上回るリターンを、買収対象から将来的に得られるか、という経営判断となる。

「M&Aのプライシングに取引コストを入れ込む」

今後増加が予想される境界統合型M&Aでは、プライシングの考え方が異なってくる。特に、水平統合型M&Aとの相違が際立ってくる。

水平統合型M&Aでは、対象となっている事業・企業の事業としての価値が一義的に重要であり、それをまず計算して事業価値・企業価値を把握する。そして、買収・統合によるシナジー分の価値を、必要であれば、あらかじめ計算した事業価値・企業価値に乗せる格好となる。本社スタッフや各拠点の事務スタッフの働き方の変更など、人員効率の話は最後に議論される。あるいは、議論されない場合もある。

対する境界統合型M&Aでは、むしろ、自社の取引コストの削減がどの程度できるか、という視点からプライシングを行っていく必要がある。

例えば、あるメーカーが、自社の商品を製造する際に使用している原料メーカーを内部化するかどうか、というケースを考えてみよう。

仕入れ先の原料メーカーはほとんど利益が出ていないかもしれない。DCF方式などで分析すれば、買収に値しないという判断もありうる。従来の発想であれば、買収してはならない対象かもしれない。DCF方式の結果だけを取締役会に提出すれば、利益に厳しい社外取締役からは言下に買収提案を否定されるだろう。

しかし、当該原料メーカーからの仕入れにおいて、相応の取引コストが発生していた場合はどうだろうか。

この原料メーカーは、他の卸売先も含め、有力で新鮮な情報を持ち、営業担当のメンバーもなかなか手強い者がそろっている。原料の仕入れ値の引き下げのための先方工場内の改善提案をしても、なしのつぶてだ。いつも、この原料メーカーからの仕入れには手を焼いている。この原料メーカーがもし中国企業であったとしたら、なおさら仕入れにおける取引コストが大きいと推測できる。

こうした場合、この原料メーカーを買収して内部化することで、原料メーカーとの交渉コストを一気に削減させることが可能である。原料メーカーの工場を効率化するため、徹底した調査も存分に行うことができる。彼らが持っている様々な情報も、お互いインサイダーなのだからフルに共有することで、新しい協業が即座に行える。境界統合型M&Aでは、こうした取引コストの削減がどれぐらいあるのか、という観点でプライシングをしていくことが重要となるのだ。

一般的なM&Aにおいて、利益やキャッシュフローを生み出している対象企業を、公正価格（フェアバリュー）で買収していくことは、シンプルな経済行動である。

多くのM&Aでは、売り手は可能な限り高い値段で売却しようとする。この場合、当該M&Aは、資金調達が可能なすべての経済主体（企業や個人）に参加権が与えられるゲームである。誤解がないよう補足するが、ここで言うゲームとは、娯楽の意味ではなく、ゲーム理論など経済主体の行動という意味で使っている。

競争状況を売り手側に作られてしまえば、買い手は買収価格を引き上げる。買い手側は考えるシナジー効果を上限として、買収価格をどれぐらい引き上げるかというシンプルなゲームから逃れることは困難である。

そして、よほどの幸運がなければ、入札方式での買収となる。

また、この手のM＆Aでは、買い手は、買収対象をまったくのゼロから調査して内容を把握していく必要があることから、そのためのコストも相応に必要となってくる。入札となるため、落札できなければ、その調査コストを回収するすべはない。

【M＆Aゴーサインの恒等式】

ところで、取引コストに着目したM＆Aは、すべての企業に参加権が付与されるゲームではない。多くの場合、既存の取引先やその競争相手など、各企業の時空の境界に接している顔の見える対象である。

つまり、境界統合型M＆Aでは、買い手側は入札を回避するチャンスが多くなる。仮に、入札になったとしても、入札者はオープンな入札の場合に比べて少数となる可能性が高い。また、相手をもともと知っているため、M＆Aの前に行う対象事業・企業の事前調査についても、相手をまったく知らない場合に比べて効率的に行うことが可能である。

それら境界に接している企業群への資本参加や買収は、DCF方式など伝統的なプライシングでは妥当な買収価格にはならない。自社内で綿密な取引コストの分析をして、対象企業を買収した後に、組織を含めてどのような変更を行い、どのような効率的なオペレーションが達成されるかというシミュレーションが必須となる。

繰り返しになるが、現在行われているM&Aでは、DCF方式など対象事業・企業のシンプルな価値の計算に重きが置かれている。

水平統合や新規ビジネス参入といった従来型のM&Aでは、それはそれでよいのかもしれない。しかし、今後増える境界統合型においては、自社内の取引コストの削減を第一に勘案したプライシングやM&A戦略が必須となるところが新しいアプローチとなる。

そのためには、M&Aの対象となっている事業・企業の分析よりもむしろ、自社のどこにどのような取引コストが発生しているのかという自省的自己分析が必要だ。

取引コストの削減には、少なからず自社内の人事異動や人員削減、働き方の変更などを伴う。第1章で触れたように、人間は過去からの経緯を自己否定することはできない。それは経営者だけでなく、論理的な思考をベースにして組織として経営に携わるすべてのビジネスパーソンに内在する業《ごう》である。

社内の顔の見える同僚を巻き込む取引コストの削減プランを、自ら嬉々として行うこと

	新規ビジネス参入型	水平統合型	境界統合型（含む垂直統合型）
M＆A実行の合理性（資本コスト（COC）を上回るべきもの）	ROA	$ROA + \frac{シナジー効果}{総資産}$	$ROA + \frac{取引コストの削減}{総資産}$
資産査定での重要な算定対象	• 対象事業、企業の価値	• シナジー効果 • 対象事業、企業の価値	• 自社の取引コスト削減効果 • 対象事業、企業の価値
入札の可能性	大	大	小

出所：フロンティア・マネジメント

図5 ｜ M&Aの類型比較

ができる人間は決して多くはない。このため、取引コストの洗い出しやその解消などに関しては、第三者を活用するなどし、従来の発想を超えたM&Aプランを作成する必要もあるだろう。

以上の議論は、細かな正確性を捨象すれば、143ページの図5のようなある種の恒等式で表現することが可能である。ここでは、対象となる事業や企業の資産利益率をROA(Return On Assets、営業利益を総資産で除したもの)、外部から調達する資本のコストをCOC(Cost Of Capital)としている。

これからの日本企業は、従来発想によるM&Aとは異なるM&Aの可能性に着目しなくてはならない。そして境界統合型M&Aという新しい枠組みでは、M&Aの際に力を入れるところが従来型とは大きく異なってくることに注意を払う必要がある。

それは、買収対象を一義的な調査対象にすることではなく、取引コストが発生している自社こそが調査対象であるという、M&Aの準備行為におけるコペルニクス的転回なのである。

3 不確実性をどう制御するか

【対象事業・企業の不確実性がプリンシパル化を決定する】

取引コストの大小に加えて、対象となっている事業・企業の属性によっても、外部化と内部化の方向性は影響を受けてくる。取引コストがほぼ同水準の2つの事業が外部に存在していたとしても、それを内部化して自社内で運営・制御できるかどうか、という視点が外部化・内部化の議論では重要になってくるためである。

企業がどういう場合に外部に存在している事業や企業を内部化（プリンシパル化）するのか、という問いに対し、強い示唆を提示しているのは、兵庫県立大学名誉教授の安室憲一氏の「『内部化理論』の限界有効性」という論文である。

この論考では、外部化と内部化の対象となる事業・企業について、それらが業務としている商品やサービスの観点から分析している。具体的には、それら商品・サービスが属する市場や分野の持つ「不確実性」と、それら商品・サービスを内部化して維持することに伴なう企業側の費用、という両面からのアプローチとなっている。

例えば、食品の場合。かたや、レシピの完成度が高く、商品の安定度も高い菓子を製造し、大手量販店に販売を行っている会社がある。一方、相場が乱高下する水産食品に在庫投資し、全国の業務店に販売している会社があるとする。後者は前者に比べて、不確実性が高く、内部化をして維持するコストも高そうに見える。

安室氏の論考をベースにして作成したのが図6である。説明の便宜上、買収する側をX社、被買収側をY社とする。横軸は、被買収側Y社が扱う商品やサービスが属する市場・分野の不確実性を指す。先ほどの例でいえば、菓子の市場の安定性や水産食品の相場の不確実性などが、横軸で示されることとなる。

図6では、右にいけばいくほど不確実性が高い。一般的には、菓子と水産食品でいえば、相場の乱高下があるような水産食品が右側に位置すると推測される。

縦軸は、Y社が扱っている商品・サービスの市場・分野（取引先を含む）をX社が自社内に内部化した場合のX社にとってのプラスとマイナスを示している。

富士山のように山形になっている曲線は、買収側であるX社がY社買収によって得られ

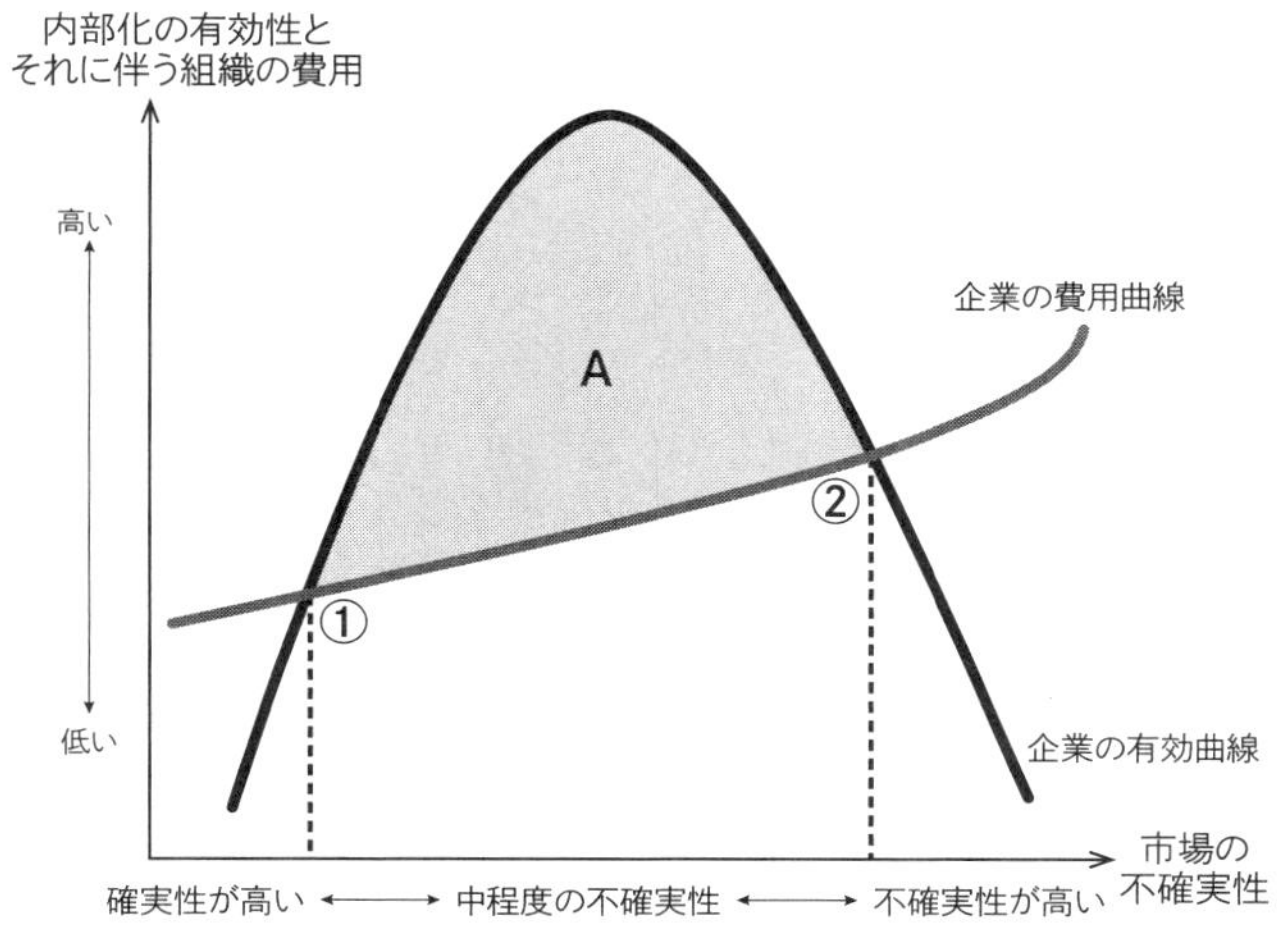

出所：安室憲一「『内部化理論』の限界有効性」
をもとにフロンティア・マネジメント作成

図 6 ｜ 内部化の有効性その 1

る有効（収益、便益と考えてよい）曲線である。一方、左下から右上に向かって伸びている曲線は、Y社を内部化して制御維持していく際にX社側が負担しなくてはならない総費用曲線である。

まず、富士山の山形になっている内部化の有効曲線を見てみよう。

市場の不確実性の高低は、当該市場における超過利潤の大小を決定する。ある商品・サービスの市場について不確実性が極めて低い（＝リスクフリー）状態では、当該市場を制御維持するコストは相対的に小さいが、同様に当該商品・サービスの超過利潤も発生しない。このため、図6においては、左側の不確実性が低いエリアでは、内部化の有効性も低いため、有効曲線は左の低位に存在する。

X社が、自らの能力や資金力で、Y社を内部化した場合に維持制御できる中程度の不確実性市場であれば、Y社を内部化して超過利潤を生み出す蓋然性は高い。図6でいえば、有効曲線が大きく上にいくエリアである。Y社の内部化に伴う不確実性がX社の許容能力を超えた場合は、Y社をX社内に内部化するリスクが大きくなる。このため、X社から見た場合、Y社やその商品・サービスを提供する市場は外部化される。

以上のように、不確実性を横軸にとり、Y社（やその市場）を内部化することによるX社の有効度をグラフに表すと、上方に凸な曲線（有効曲線）となる。

ライフサイクルから見た外部化と内部化

147ページの図6では、Y社を内部化することに伴うX社の費用曲線は、左下から右上に向かって描かれる。商品・サービスが属する市場の不確実性が高まる過程で、情報収集やリスク分散のためのコストを含め、X社内における間接費用が高まるからである。

前述の有効曲線と費用曲線という2つの曲線によって囲まれる領域が、X社に発生する利潤であり、図6では「A」に相当する。同図が示すのは、Y社関連の市場の不確実性が中程度（図中の①と②の間）の場合、Y社を内部化する合理性が出てくるということだ。

何らかの外生的なショックが起こると、有効曲線や費用曲線はどう変わるのだろうか。例えば、Y社が扱っている商品・サービスの市場に関する法制度、競争環境、地政学リスクなどが大きく変わる場合などである。不確実性が低かった市場で不確実性が高まると、図7のように、有効曲線の左下部分が中央部にシフトする。逆に、不確実性が高かった市場で不確実性が低くなると、有効曲線の右下部分が中央部にシフトする。

また、X社のコスト構造に変化が生じて高コスト構造になると、X社の費用曲線が図7のように上方へシフトする。このように外生的なショックで市場やコスト構造に変化が起こると、外部化・内部化の領域が伸縮し、企業収益（図7の「B」）も伸縮する。

例えば、製薬業界では近年、新薬開発を外部化しており、創薬ベンチャーが開発した薬の買収などが積極的に行われている。これは図7でいえば、有効曲線の右下部分が左側へシフトしたことになる。新薬開発に巨額の資金が必要で不確実性が高くなることで、外部化の妥当性が増したのではないかと推測される。

一方、製薬業界では、新薬開発だけでなく、薬の製造や販売のプロセスも外部化している。このメカニズムは、新薬開発の場合と異なる。おそらく製造や販売のノウハウがよりコモディティ化しているため、有効曲線の左下部分が右側へシフトしているのだ。

結果として、製薬業界においては、図6から図7へと業界構造がシフトした。企業収益の領域が小さくなり、業界内で大型再編が生じていると説明できる。

安室氏の提示したフレームワークを使って言えることがもう1つある。それは、新たな企業や市場の誕生と成熟というライフサイクルから見た外部化と内部化についてである。

すべての企業・市場は、生まれたばかりの時は不確実性が満載だ。既存企業にとってみると、すぐに内部化できるような代物ではない。否応なく、図6でいえば、右方に位置する「外部化された存在」としてその生をスタートする。この後、運がよければ、その企業や市場は成長し、拡大してユーザーに受け入れられていく。その過程で、当該企業や市場

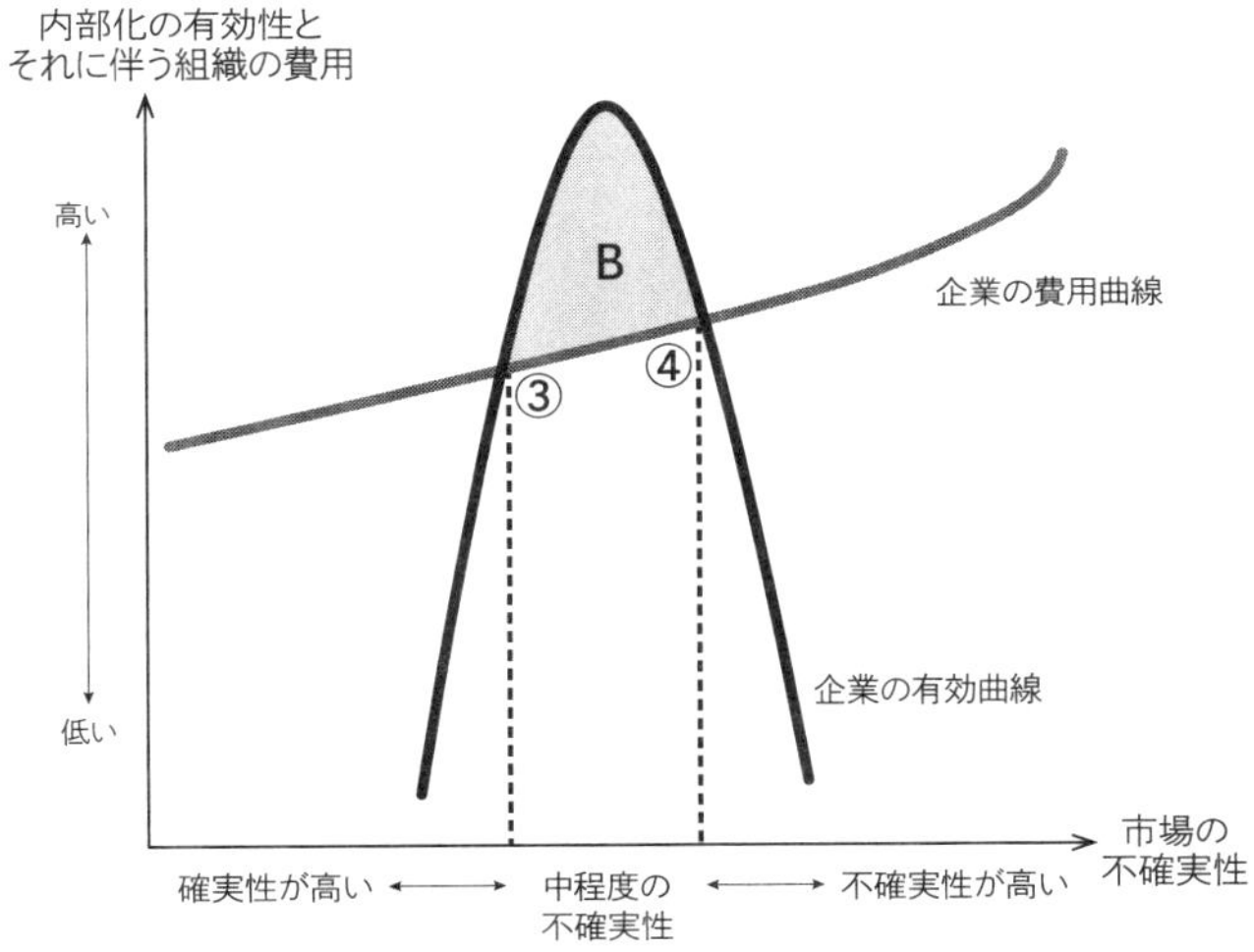

出所：安室憲一「『内部化理論』の限界有効性」
をもとにフロンティア・マネジメント作成

図 7 ｜ 内部化の有効性その 2

の不確実性は漸減し、Y社はX社など既存企業にとって「内部化可能」な状態となる。図6でいえば、Y社の内部化の有効性は有効曲線に沿って、徐々に左上に移動していくこととなる。そして、X社はY社を内部化による果実を享受する。

さらに市場が十分に成長して成熟してくると、不確実性が低下し、超過利潤が発生しなくなる。X社にとってみると、Y社を内部化して維持することの費用曲線を有効曲線が下回る状態となる。そして、X社はY社を外部化し、自らの資産効率を高める行動をとる。対象となる事業や企業を内部化するかどうかの判断には、対象の属性が大きく影響してくる。それは対象の事業や企業の属する市場や分野が不可避的に持っている不確実性のレベルである。

この不確実性のレベルは、外生的なショックによっても変わるし、企業や市場のライフサイクルによっても変わる。各社の自らの費用曲線と、内部化によって得られる有効性との差額がプラスかどうかという「内部有効性」の見極めが重要となってくる。

この分析で分かることは、R&Dのような不確実性が高すぎる領域と、コモディティビジネスの領域という、図中の横軸の両端の領域で事業や企業の外部化が進展することである。各企業は取引コストだけでなく、このような制御可能性、コモディティ性の観点からも、外部化と内部化の意思決定を行っていく必要がある。

4 M&Aの成功確率は低いのか

本業比率を急速に高める日本企業

総務省統計局が公表している調査に「経済センサス」がある。ここに大変興味深い指標が時系列で存在している。日本の各社における〝本業比率〟だ。

何を本業と定義するかは、単純に決めることができない。本業とは客観的に決まるものではなく、主観的に決まる場合が多い。筆者が産業再生機構時代に携わったカネボウは、もともとの祖業は繊維事業であった。しかし、１９８０年代を境に、利益の主力は化粧品事業に移っていった。もし当時、カネボウの経営陣に自社の本業は何かと問いかけたら、彼らは何と答えただろうか。繊維？　それとも化粧品？

本業の定義はいまひとつ不明だが、この「経済センサス」では、４００万前後にのぼる日本企業からの回答をまとめて、その結果を公表している。回答は、製造業、卸売業、小売業という3つの産業に分かれた数値となっている。

２０１６年の「経済センサス」によると、日本における製造業の本業比率は、金融危機が起こる前の１９９６年は76・7％だったが、10年後の２００６年には84・2％へと上昇し、直近の２０１５年にはさらに上昇して86・3％となっている。同様に、卸売業では63・2％→76・2％→81・9％、小売業では68・1％→75・0％→78・4％と、順調に日本的「選択と集中」が進展している。

第1章で述べた通り、こうした状況が継続すれば、日本経済はマクロ的に見て、新しい産業を生み出すことが困難となる。また、各社としても、新しい事業への取り組みが減少することで、会社の将来性が不安定になったり、新たな成長の芽をみすみす見逃してしまったりという機会費用を支払わなくてはならない。

この状況を反転させるために有力なツールはM&Aである。

同業他社を買収してシェアを高めることができる機会があれば、それは良い戦略に相違ない。業界の会合などで顔を合わせる機会を見つけて、直接アプローチするのもよいし、数多存在するM&Aのアドバイザリーファームや金融機関から情報を収集するのもよいだろう。

ただし、通常は、同業他社は日々のビジネスの競争相手である。経営者同士も競争相手なら、現場は現場で競争相手である。

大きな外生的なショックが加わらない限り、昨日までの敵と手を組むのは簡単ではない。実際、同業他社同士の大型統合は、外生的ショックや、特定の企業が民事再生手続きの申し立てを考え始めた状態に陥った場合にのみ発生するといっても過言ではない。

1990年代半ばまで約20行存在していた都市銀行が、数行のメガバンクに統合されたのも、各都市銀行経営者の自発的な動きだけがきっかけだったとは到底言えない。金融危機ともいわれる株式市場での金融セクターの総体的な株価下落や、当局からの助言など、様々な外生的ショックの産物である。

伊勢丹と三越、大丸と松坂屋、阪急百貨店と阪神百貨店。21世紀に入って、日本を代表する百貨店が相次いで経営統合を行った。三組三様の理由はあるが、三組の組み合わせで、いずれも後者の百貨店が株式市場において、好まれざる投資家に多くの株式を保有されていたことは、関係者の共通認識となっていた。それが三組のメガ百貨店を生み出した遠因の1つになったことも否定できない事実である。

いずれにせよ、同業他社の買収という水平統合型のM&Aは、外生的ショックが発生することをじっと待つ以外、それほど簡単に成就できるものではないだろう。あるいは、特定の弱体化した同業他社が再生プロセス入りするのを、これまたじっと待つしかない。キリンホールディングスとサントリーホールディングスの経営統合が破談になったように、弱っていない同業他社とのM&Aは単純でもないし、容易でもない。

しかも、最近の再生プロセスは、効率化され公平化されてきている。例えば、再生企業のスポンサー選定は、入札方式などによって、再生企業の既存の株主や債権者にとって最大の経済合理性を追求する方法へと進化している。以前のように、単に「再生案件だから美味しい」ということにはならない。

新規ビジネスに参入するためのM&Aも、相応に困難なものと推測できる。

そもそも、アントレプレナーシップを持つ(若い)スタートアップの経営者は、窮境に陥らない限り、自らの株式の相当数を他社に譲渡するインセンティブがない。もちろん、マイノリティ(少数株式)を大手企業に保有してもらって、信用度を上げたり、顧客を紹介してもらったり、という格好での株式譲渡はありえるだろう。

しかし、過半数の株式を他社に渡すような経営者であれば、そもそも起業したりしない。加えてスタートアップ企業の良質性と、取得できる株式の保有割合は、トレードオフの関係になることが想定される。株式保有によって得られる収益の期待値は、いずれにしても多くの場合、それほど高いものにはならない。

だからこそ、ベンチャーキャピタルは、少数のベンチャー企業に「選択と集中」して投資したりはしない。数十社から数百社ものベンチャー企業に同時に投資を行う。その中の極めて低い確率で成功した1社から数社の巨額な果実を享受することで、その他の膨大な失敗投資のマイナスを帳消しにするというビジネスモデルとなっているのだ。

【境界統合型M&Aはチャレンジ確率が高い】

境界統合型という視点でのアプローチは、水平統合型や新規ビジネス参入型に比べると、そもそもM&Aにつながるチャンスが大きい。

チャレンジ確率が高いといってもよい。

既に自らと取引している企業、その周辺企業、あるいはその競争企業がターゲットとなる。顔の見える相手だけに、話もしやすいし、相手のビジネスモデルも理解しやすい。相手を調査するというよりもむしろ、自らのビジネスプロセスをレビューすることが主眼となるため、M&Aを完了した後の工程もイメージしやすい。

もちろん、チャンスが到来し、間尺に合った買収価格でM&Aできるのであれば、水平統合型や新規ビジネス参入型のM&Aを積極的に行うべきである。現在は歴史的な低金利水準にあり、日本的「選択と集中」をそろそろ卒業しようというのが、そもそもの本書の主張なので、水平統合型も新規ビジネス型もどんどん進めた方がよい。

ただ、そうしたチャンスが到来する確率は一般的に高くない。チャンスの到来をただ待つだけでなく、各社は自らのバリューチェーンの前後にある会社、日ごろの取引で付き合いのある会社、その他自らの時空の境界に接している会社とのM&Aを考えてみてはどうだろうか。チャレンジ確率も高いし、M&A後の統合プロセスも比較的スムーズと考えられる。

現在でも、依然としてM&Aに否定的な経営者やメディアは少なくない。

例えば、買収価格が高すぎるからM&Aはやめる、という経営者がいる。本当にそう確信しているのだろうか。

ならば、（その買収対象会社が上場しているのであれば）多くの人間が空売りをして巨額の富を得ることが可能なはずだ。この場合、買収価格が高いのではない。その経営者に、現在の買収価格を上回る価値を実現するだけの経営戦略が不在なだけである。

M&A後に、対象会社をマネジメントできる人が社内にいない、という経営者もいる。なぜ、優秀な人材を外からスカウトして、その対象会社をマネジメントさせないのだろうか。優秀な社長・経営者がいる会社だから買収した、という経営者もいる。その社長や経営者に自由に経営を続けさせたりもする。これも、取得後に対象会社の経営を改善してその企業価値を引き上げる、という世界のM＆Aの共通認識とは乖離がある。

一般的に、M＆Aの成功確率は30％程度と言われている。この数値の真偽は定かではない。しかし、仮にこの数値が正しいとして、30％という成功確率は批判されるように低いのだろうか。

プロ野球の世界でも、3割バッターになるのは簡単なことではない。長嶋茂雄氏のプロ野球での通算打率は3割5厘、王貞治氏のそれは3割1厘である。

コンビニの棚に並ぶ様々な食品。商品の入れ替えが激しいコンビニ業界では、一説には1年間で70％の商品が入れ替わると言われている。

食品メーカーは多額の研究開発費を使って商品開発を行う。工場のラインでは、コンビニ専用の金型を作るために設備投資を行い、また在庫投資を行う。

これだけの努力をして、実際にコンビニに採用されて棚に並ぶ商品となる確率は何％だろうか？　仮に、運よくコンビニに採用されたとしても、1年後には70％の確率でコンビニの棚から追い出されてしまう。

2年を経過してコンビニに並び続けていられる商品など、ほとんど存在しない。

それでも食品メーカーは、毎年人を採用し、多額の設備投資や在庫投資をして、コンビニ向け商品を企画して製造する。TVや雑誌で宣伝をしたり、SNS（ソーシャルネットワーキングサービス）を使って一般消費者を巻き込んだ広告宣伝を行ったりもする。その試みのほとんどがうまくいかない。だが、経営者もメディアも決してそれを批判したりしない。なぜならば、これこそが経営の一環だからだ。

一方で、M＆Aの30％という成功確率は〝低い〟と感覚的に判断してしまう。それは大半の日本の経営者にとってM＆Aが経営の一環と認識されていないからだ。

『週刊ダイヤモンド』２０１８年9月15日号に、三菱ケミカルホールディングス会長の小林喜光氏の心強いインタビュー記事が掲載されている。小見出しには「R＆DよりM＆Aの方が断然効率が良い」というストレートな表現もある。

小林氏は「もちろん、自前のR＆D（研究開発）もやっていますし大事だけれども、すごく成功確率が低いよね」と述べ、「R＆DよりM＆Aの方が断然効率が良い。経営者にとってM＆Aは必須のツールだ」と断言している。R＆Dの成功確率については、「R＆Dはどれだけテーマを厳選しても、事業化できるのは1割以下」とそっけない。

この記事では、同社のM＆Aの過程における大変興味深いエピソードも披露されている。小林氏に対してインタビュアーが、規模が大きくて歴史のある会社をグループ化させる（つまり買収する）ことは大変ですよね、と水を向ける。

すると、小林氏は「結果としてグループに入ってくれた会社はありますが、稀有な確率ですよ。もっとたくさん声は掛けている。でも、ほとんどのところが断るんですよ、『OBを説得できないんです』という会社もあります」と応じている。

OBとの対話も、日本においては、目に見えにくいステルス型の取引コストだ。

【徹底したPMIによって儲かるコングロマリット戦略へ】

M&Aの成功確率を引き上げるには、M&A後の対象事業・企業の収益改善に経営資源を必要十分に投入することに尽きる。

特に、本書で提言している境界統合型M&Aにおいては、M&A後の経営改善こそが、M&Aの成否を決定づけるといっても過言ではない。そもそも、境界統合型M&Aでは、獲得した対象事業・企業のキャッシュフロー価値の多寡よりも、節約できる自社の取引コストのためにM&Aを実行しているとも言える。

M&A後の経営改善のプロセスには、M&A業界ではPMIというアルファベットの呼称が与えられている。Post Merger Integration の略であり、文字通り、買収（Merger）の後（Post）の統合作業（Integration）と呼ばれるプロセスである。

PMIは簡単なプロセスではない。

特に、買収側と被買収側とで、共通の経営理念や経営目標を設定したり、文化の融合を図ったりすることはPMI担当者からすると骨の折れる作業である。

PMI担当者は、M&Aによって元来計画されていたシナジー効果や取引コストの削減をするために、ある種、合理的な判断をして、その実行をしていかなくてはならない。一方、企業には時空が存在し、質量があるため、そこに所属する従業員の感情という重要な別ファクターも存在している。

PMIは、医療現場における移植手術後のプロセスと似ている。異なる身体同士を縫合することで移植は行われる。お互いの身体を異物と判断することで、移植後に拒否反応が生じる。プロフェッショナルたる医師は、予測される拒否反応に備えて常に対応していく必要がある。

医師も何例か手術をしたことにより腕が磨かれるように、PMI担当者も机上の勉強だけではなく、何例かM&A後の対応をしたことにより腕が磨かれる。人間の身体が機械ではないように、事業や企業も機械仕掛けの組織ではないからだ。

この意味で、PMIは、車の運転というよりは乗馬に近い。車であれば、ガソリン（あるいは電気）があれば、アクセルを踏めば前に進むし、ブレーキを踏めば止まる。指示と作用が直接的なのが、機械や車だ。

感情を持った生き物である馬を乗りこなすのは、そういうわけにはいかない。何度も実際の馬にまたがり、経験値を積む。時には、機嫌の悪いじゃじゃ馬に振り落とされる。こうして鞍数を重ねることで乗馬技術は磨かれていく。PMIも同様だ。

M&Aの成功確率が低いと揶揄される要因の1つに、PMIの不徹底があるのではないかと思われる。特に、今後増加する可能性の高い境界統合型M&Aにおいて、PMIの必要性は、それ以外の型のM&Aの比ではない。

水平統合型M&Aの後に行われる前向きのシナジーの議論は、未来的であり、場合によってはPMI参加者全員にとってポジティブな気持ちで進行できる幸福なプロジェクトである。一方、境界統合型M&AのPMIは、買収対象事業・企業の中だけでなく、自社内の組織や人事に少なくないインパクトを与えるプロセスとなりうる。

PMIにおけるシナジー創出と取引コスト削減は、プロジェクト参加者の心持ち次第という観点からすると、正反対の行為となる。

場合によっては第三者の力を使いつつ、PMIを複数回担当させることで、各社は自社内に〝M&A後〟に強い人材を抱えることが可能となる。これこそが、今後のM&Aを使った戦略（特に境界統合型M&A）で会社全体を成長させていく原動力になる。

コンプライアンス強化など、今後も日本企業を取り巻く取引コスト問題は深まっていく。しかし、一方で、世界で活躍できる一部の特殊な企業群（「選択と集中」に適した企業）以外は、今後はいかにM&A戦略を駆使して、コングロマリット化を進めていくか、が各社の成長の可否を決定する重要な焦点となる。

確かに、1990年代の多国籍企業の躓きにより、組織の肥大化の可能性をはらむコングロマリット戦略は下火となった。

2018年4月20日付「日本経済新聞（日経電子版）」で「複合経営は時代遅れか」という特集記事が組まれた。この中で、ニューヨーク大学経営大学院教授のロバート・ソロモンは、「GEの複合経営は過去の遺物」と手厳しいコメントを寄せた。

しかし一方で、同じ記事の中で、専修大学の田中隆之教授は、日本の商社を複合経営の成功例として挙げている。日本の商社の成功の背景として、「バリューチェーンの多くのプロセスに深く食い込み、川上から川下までの多段階で収益をあげる体制をつくったこと」の重要性を指摘している。本書で主張する内部化の利益をサポートするコメントだ。

同様に、農林中金バリューインベストメンツ最高投資責任者（当時）の奥野一成氏は、信越化学工業を複合経営の成功事例として挙げ、個々の事業に参入障壁があれば、複合経営でもまったく問題ないと喝破している。また、「GEの衰退は個別の問題で、経営スタイルとは関係がない」と切り捨て、「複合経営だからこそ価値がある場合がある」とまで述べている。

そもそも、コングロマリット戦略は企業にとって悪夢なのだろうか？

実は、コングロマリット企業や多国籍企業の歴史は、儲けすぎ批判の歴史と言える。特に米国では、コングロマリット企業にあまりにも多くの富が集まりすぎることで社会的批判が高まり、独占禁止法の強化につながった経緯がある。

この動きは19世紀後半にまでさかのぼることができる。同時期は、米国でコングロマリットが次々と形成され、自由競争が阻害されるのではないかという社会問題となった。

象徴的なコングロマリットは、ロックフェラーとそのパートナーによって１８７０年に設立されたスタンダード・オイルだろう。１８９０年のシャーマン法、１９１４年のクレイトン法、１９１４年の連邦取引委員会法の３つの法律によって、米国の独占禁止の流れは決定づけられた。この過程の中で、スタンダード・オイルは１９１１年に、連邦最高裁の命令によって34の会社に分割され、その様態を変更させられた。

前述したように現代でもＧＡＦＡ（グーグル、アップル、フェイスブック、アマゾン）と呼ばれる米国の４大企業のうち、少なくともアマゾンとグーグルは明らかにコングロマリット的なビジネス展開をしている。結果として、ＧＡＦＡの超巨大化は欧米を中心に大きな問題になっており、国家との戦いにまで発展している。２０１８年7月16日号の『日経ビジネス』でも、英「エコノミスト」の翻訳記事「超巨大化した企業を待つ〝運命〟」で、ＧＡＦＡのような巨大化した企業が歴史的に政府の介入を招いてきたという事実を紹介している。

とはいえ、繰り返しになるがＧＡＦＡはグローバルなコングロマリットとしては未完成だ。いずれの企業も、大半の売り上げは母国市場による。例えば、フェイスブックは地域別売り上げの70％以上が欧米であり、そもそも90％以上の売り上げが広告収入である。

グローバルなコングロマリットであるユニリーバやネスレが米・欧・アジア・アフリカとバランスよく売り上げを作っているのとはかなり異なる状況にあることが分かるだろう。誤訳された「選択と集中」をして、単一商品・サービスでグローバル化する、すなわち真のグローバルニッチを目指すという方法は、多くの日本企業にとっては現実から離れた〝選択〟なのである。

いつの世も、巨大化する企業にはコングロマリット的手法が採用され、それが収益成長を加速させる。すると、公平感に敏感な一般国民からは、儲けすぎ批判が噴出する。結果として、国民との契約で成立している近代国家は、巨大コングロマリットと戦い、規制をしなくてはならない羽目に陥る。

コングロマリット戦略は、世紀を問わず儲かるのだ。

第4章

なぜ、経営のプリンシパル化が必要なのか

1 日本の開業率の低さは本当に問題なのか？

日本の開業数は少なくない

第1章で、日本のベンチャーキャピタルの規模は米中と比べると極めて小さいと指摘した。日本においては、新規事業を次々と創出してマクロ経済を刺激していたのは、事業会社であった。誤訳された「選択と集中」という言葉が、少なくない日本企業の新規ビジネスへの投資を委縮させ、インキュベーション効果を喪失させようとしている。実際、過去において、日本の事業会社による新規事業の創出は十分に成功しており、多くの開業が日本でもなされてきた経緯があるにもかかわらずだ。

残念なことに、日本政府や多くのメディアでは、「日本における企業の開業率の低さ」が問題とされており、開業のさらなる増加が経済活性化のキーと喧伝されている。

彼らの主張の根拠は、中小企業庁の『中小企業白書』である。これを見ると、日本と他国との開業率と廃業率の比較が論じられている。

この資料では、日本の開業率が過去20年にわたって3～6％となっているのに対し、米国では10～11％と高水準にある。廃業率も、日本では3～6％となっているのに対し、米国では9～10％となっている。これらの数字を比較し、政府、経済学者、エコノミストらのほぼすべてが「日本では、産業や企業の新陳代謝がなされておらず、これが日本経済の活力を弱めている」という結論に達している。

広告や資料には、一番大きな文字や図表では大事なことは書かれていなかったりする。むしろ、小さな文字での脚注や説明文章の中などに真実が込められている場合が多い。実際、この中小企業庁の資料を注意深く見ると、「国によって統計の性質が異なるため、単純に比較することはできない」と注意書きされている。「単純に比較することはできない」と注意書きしてある資料を抜き出して、他国と比べた日本の開業率や廃業率の低さを論じているところに奇妙さがある。

改めて開業率の計算方法をおさらいしよう。開業率とは、新たに開業された企業数を分子とし、当該年の年初における既存の総企業数を分母として計算する比率だ。つまり、開業率の高低は、分子の開業数だけでなく、分母の既存総企業数とのバランスで決定される。

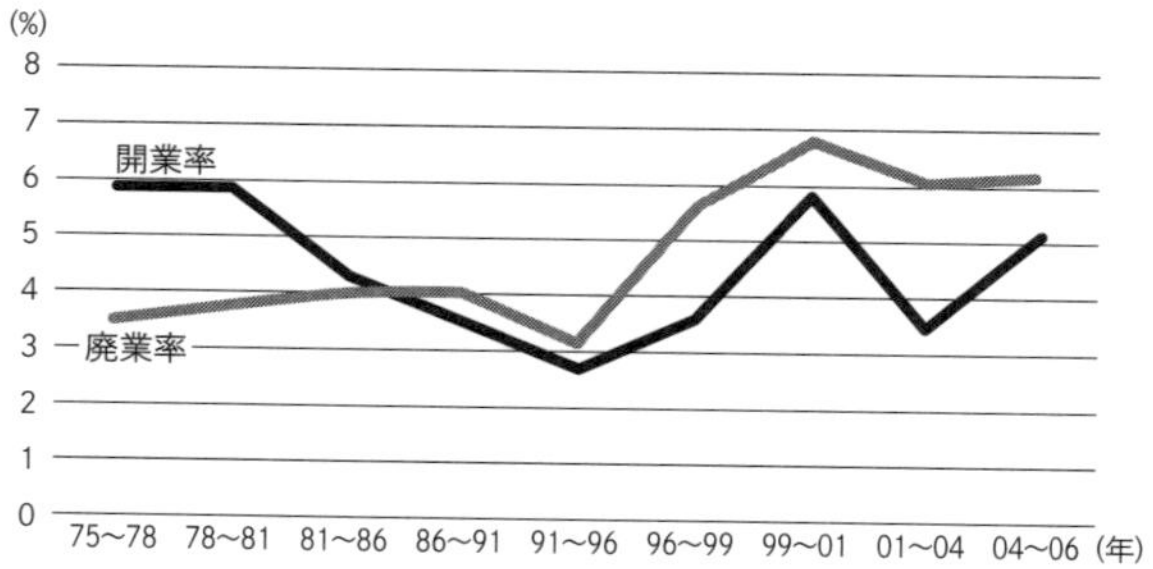

注：2001年時点(1993年分類) 期首企業数 4,739,929
2006年時点(2002年分類) 期首企業数 4,240,326

出所：総務省「事業所・企業統計調査」

図 8 | 日本の開業率・廃業率の推移(非一次産業)
企業(個人企業+会社企業)

日本の開業率が低いとする多くの論調が、分子にあたる開業数の小ささに焦点を当てている。しかし、日本は世界で最も中小企業が多い国と言われているのだから、過去において開業数が少ないはずはない。

そこで、分母にあたる既存総企業数も含めた観点で議論をしてみたい。しかも、日本と米国では人口数も大きく異なるため、公平に日米比較をするためには、人口1000人当たりでの開業数や企業数を見ていく必要がある。開業率は、国内においてさえ、様々な異なる手法で異なる数値が計算されており、単純に数値の高低は議論しづらいものである。

中小企業庁では一般的に、総務省「事業所・企業統計調査」に基づいた計算を行っているので、本書でもこれを使って議論を進める。この調査を見ると、直近値では分母にあたる既存の総企業数については、約420万カ所となっている。分子にあたる開業数が22万カ所となっているため、開業率は約5％と計算される（図8参照）。

一方、『中小企業白書』などに記載されている、米国の10％超という開業率の計算のもととなっているデータを見てみよう。

米国の開業率の計算で一般的に使われている資料は、米中小企業庁（U.S. Small Business Administration）の"The Small Business Economy : A Report to the President"である。この資料の直近値によれば、分母の総企業数は約6000万カ所であり、開業数は約50万カ所である。日米の総企業数や開業数を、人口1000人当たりの数値で比較してみよう。

人口1000人当たりの年間開業数は、日本が1・8社、米国が1・6社となっており、日本の開業数は米国と比べほぼ同等、あるいは若干優位な数字となっている。一方、人口1000人当たりの既存の総企業数は、日本が35社、米国が19社となっており、日本が米国と比べて1・8倍程度も総企業数が多いことが分かる。

一般的に、日本は米国と比べて企業の新陳代謝が緩慢と言われ、もっと開業（開業率の分子）を増やすべきという議論がなされがちである。しかし、日本では歴史的に人口比で見ると多くの開業がなされてきたため、結果として既存の企業数（開業率の分母）が人口比に対して膨大になっている。開業率を上げるためには、分子の開業数の増加ではなく、分母の総企業数の削減が必要である。つまり、M&Aによる企業の集約であり、存続企業による外部企業の内部化戦略こそが、今後の社会に重要な方向性となる。

「二重構造論」で中小企業を見てはならない

日本では人口比で見て総企業数がなぜ多いのだろうか？

第二次世界大戦後の日本では、経済を捉える視点がマルクス経済学の影響を多分に受けていた。その発露の1つが、1957年の『経済白書』によって一般に広まった「二重構造論」という観点で中小企業を分析する考え方だろう。

「二重構造論」とは、当時の日本経済における近代的大企業と前近代的中小企業の二重性の併存状態を指している。当時の政策目標は、日本という一国の中に先進国（近代的大企業）と後進国（前近代的中小企業）の二重構造が存在している現状を早急に解消すべきというものであった。現在の中国でなされている議論と相似形である。

「二重構造論」はもともと、英国のマルクス経済学者であるモーリス・ドッブが、社会主義経済の有用性を唱えていく中で示した考え方である。その後、日本では、傾斜生産方式の導入を提唱したことで知られる経済学者の有沢広巳氏が、この考え方の理論的支柱となった経緯がある。

近代経済学が主流となっている現代の文脈からすると、「二重構造論」は多分に情念的で不正解な理論と言える。しかし、戦後のマルクス経済が盛んだった時期には、物語性さえ感じられるこの理論は、瞬く間に当時の霞が関やビジネスエリートたちに広まった。

〝虐げられている〟中小企業を優遇し、彼らを近代的（大）企業に昇華させることが政策目的となった。補助金や政策金融などによって1960年代以降、我が国の中小企業政策は進められていった。1963年に制定された「中小企業基本法」がその頂点だ。

実態は、「二重構造論」が想定していたような〝虐げられた〟中小企業像とはまったく異なっていた。１９６０年代以降の中小企業の収益性は高水準を維持した。

日本における実際の中小企業の趨勢については、みずほ総合研究所の徳田秀信氏による「わが国中小企業の収益性と競争力」という論文が大変興味深い。

この論文によれば、１９６０〜80年の20年間、日本の中小企業（資本金一億円未満）のＲＯＡは、大企業（資本金1億円以上）のそれを一貫して上回っていた。製造業でも非製造業でも同様に、中小企業の利益率が大企業のそれを上回り続けたのだ（図9参照）。

同様の分析を既に、１９９７年出版の『規制緩和は悪夢ですか』において、経済学者の三輪芳朗氏（同書執筆時は東京大学教授）が行っている。

三輪氏は著書で「中小企業の利益率は大企業に比べて目立って高い状態が続きました。（中略）搾取されたとされた中小企業の方が利潤率が高かったのであり、多くの起業家が中小企業の設立を有利なビジネスと判断して新規に参入したのです」と結論づけている。

我が国の企業に占める中小企業の比率は99％以上と、主要先進国で最も高い水準となっている。それは、メディアや小説などで感情的にたびたび取り上げられる町工場のような小資本による個人事業主ばかりではない。本書でたびたび指摘している既存の企業による積極的な新規ビジネスへの挑戦の結果なのである。

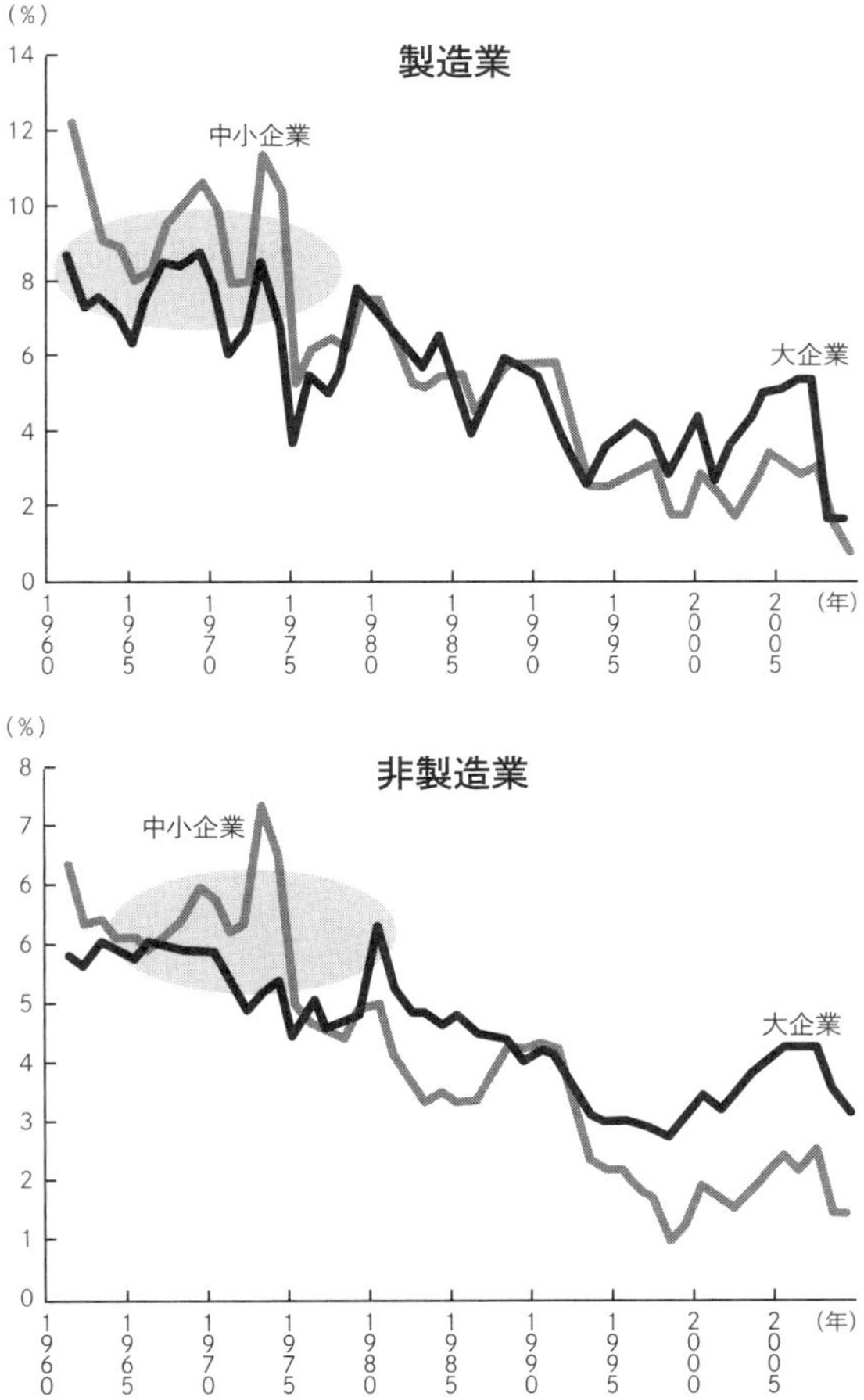

注：大企業は資本金 1 億円以上、中小企業は資本金 1 億円未満。
ROA= 営業利益 ÷ 総資産
出所：徳田秀信氏「わが国中小企業の収益性と競争力」(2010)

図 9 │ 中小企業の ROA の長期推移(製造業・非製造業別)

高い収益性が見込まれた新規ビジネスをめがけて、既存の事業会社も起業家も、自らのアニマルスピリットを信じ、リスクテイクして、少なくない資本を投じてきた。中小企業というビジネスの仕組みに多くの資本が集まり、日本の経済構造は、中小企業数の急激な増加によって形作られた。

高度経済成長期の中小企業の爆発的な増加こそが、諸外国と比べて、日本の既存企業数が高水準となっている主な要因と筆者は考える。この高水準の総企業数によって、開業率の計算時に用いられる分母が大きくなり、開業率を諸外国と比べて必要以上に低水準に押し下げているのである。

【開業数アップが主要な政策ではない】

企業数が多いという日本の経済構造にはどのような経済刺激策がありうるのだろうか?様々なメディアの記事を見ると、我が国では開業数をいかに増やすかという観点からの政策が検討されてきた。しかし、前述したように、既に日本では、人口比で見ると相応な水準で開業がなされている。さらに起業をしやすくすることは、低質なベンチャー企業の安易な粗製乱造につながるリスクさえ出てくる。

日本の知識層や起業家など少なくない数の人間が、シリコンバレー型の「まっさらなベンチャー」が次々と生まれる仕組みを作って〝開業率〟を上げることが日本経済の活性化につながると考えているようである。ベンチャーキャピタルによるベンチャー投資のエコシステム構築の提案などは、その最たる考え方だろう。

しかし、「まっさらなベンチャー」が、日本で短期間に成功を収めて経済全体にインパクトを与える確率は高いとは思えない。米国や中国はそもそも自国の市場が大きいので、ベンチャーが自国向けの商品・サービスの提供に専心すれば十分な規模を獲得することが可能だが、日本ではそうはいかない。米中でベンチャーキャピタルによる新規ビジネスが盛んで、日欧では低調なのはそれが理由かもしれない。

例えば、数少ない日本のユニコーン企業（時価総額10億米ドル以上のベンチャー企業の呼称）として期待されているメルカリ。同社の２０１８年7～9月期の連結決算は、28億円の税引き赤字だ。同社は、２０１４年に米国に進出した。圧倒的な規模を持つ米国市場は魅力的だが競合も同様に多く、同社の米国ビジネスの離陸は遅れている。２０１８年年末には英国子会社の解散を発表し、欧州事業から事実上撤退することとなった。

情報サービスのＣＢインサイツ社によると、ユニコーンと呼ばれる企業は世界で２２０社ある。このうち、米国が１０９社、中国が59社で、この２カ国で76％を占めている。

ちなみに中国を除くアジアでは、インドが10社、韓国とインドネシアが2社、シンガポールが1社。日本は、シンガポールと同じく1社にとどまっている。米国、中国、インドという母国の人口や経済規模（母国市場）が大きなところでユニコーン企業が育っているのは明らかだ。日本では開業率の分子である開業数を増やすという施策は合理的ではない。また、開業数を増やせたとしても、母国市場が十分に大きくないため、ユニコーン企業が育って日本経済に大きなインパクトを与える構造が生まれるとは考えにくい。

むしろ、開業率の計算式の分母である総企業数が過多なのだから、それを少なくするのがシンプルな回答である。175ページの図9を見ても、昔は中小企業のROAは十分に高水準だったが、1990年代以降は急速に低下している。しかし、不振企業の市場からの退出は十分になされていない。企業の倒産件数も過去30年で最低水準だ。だから、廃業を支援しましょうという考え方もありうるが、それだけでは味気ない感じもする。

だとするならば、存続する企業によるM&Aの推進という政策に尽きるだろう。買収側からすると、外部の存在の企業を「内部化」することであり、「プリンシパル化」することである。それは、同業他社を買収するという水平統合型M&Aにとどまるべきではない。「選択と集中」という呪縛から経営者を解き放ち、新規ビジネス参入型や境界統合型のM&Aを積極的に推進させていく政策が求められる。つまり、存続企業による内部化（プリンシパル化）のインセンティブ誘導である。

政策としては、買い手と売り手、両方への働きかけがありうる。

買い手は「選択と集中」という言葉によって、リスク回避型の経営手法になっているはずだ。ならば、そこにインセンティブをつけてはどうだろうか。

例えば、買い手がM&Aを行うために必要な諸費用（弁護士費用など）について、当該年度に全額費用計上する必要がなければどうだろう。資産計上を認め、それを数年間で償却する仕組みの導入などが考えられる。

仮に、そのM&Aが期初に見込んだ計画を達成しなかった場合には、資産計上していたM&A関連の費用を販売管理費ではなくて特別損失で計上し、その損金を数年間使える仕組みもありえる。被買収会社が当初見込んでいた利益水準を大きく下回る場合、買収側には「のれん償却」が発生するが、その費用について税制面の優遇措置を設けてもよい。

もちろん、こうした仕組みは、それぞれの会計年度の正確性をゆがめる。また、「選択と集中」で縮こまっていた経営陣が、これに慣れすぎてしまうと単なる野放図な経営になってしまう。このため、これらM&A関連の税制優遇は数年間の時限措置とするなどし、買い手企業のM&Aをその数年間に一気に発生させ、後は通常経営に戻す必要がある。

一方、売り手については、当該事業・企業を保有・維持しておく費用を引き上げればよい。これも時限措置にするなどして、売り手を急かす方法がありうる。

例えば、今後数年間のM&Aにおける売り手側の株式売却益の課税や、逆に売却損についての扱いの優遇などが考えられる。

また、政策金融の縮小も一考である。

前述のみずほ総合研究所の徳田氏によれば、日本の政策金融の金額は、米国のそれの10倍に達しており、非効率な経営や不採算な中小企業が温存されている可能性があるという。赤字の中小企業が温存されれば、健全な中小企業だけでなく、大企業も含めて無意味な競争にさらされる。金利優遇を受けている企業の割合が高い国は、健全な企業の利益率（ROA）が低くなるという相関性も指摘されている。

M&Aによる既存企業の内部化（プリンシパル化）は、存続企業のパフォーマンス改善を通じて、日本経済全体に大きなプラスの効果をもたらす。M&Aは、買い手からすれば内部化であり、売り手からすれば外部化である。内部化、外部化、両方が自発的に動けるような税制への改革など、インセンティブ政策は有効だろう。

2 既に始まっている経営のプリンシパル化

【B／SでP／Lを作る動きが進展】

本書で指摘したプリンシパル化の力学は、既にあちこちで始まっている。

プリンシパル化の動きとしては、日本の大手商社が好例である。従来の商社は、様々な商品やサービスの売買を仲介することで、取引に伴う口銭《こうせん》を主要な収益としてきた。その際、中立性を重要視し、どこか1つの大手の取引先との関係を意図的に深くすることは避けてきた経緯がある。

しかし、この10～20年は、中立性を捨て、川上・川下のプリンシパル化を積極化させている。例えば、コンビニに代表される流通業など事業会社への投資がある。三菱商事によるローソンへの出資を皮切りに、伊藤忠商事によるファミリーマートへの出資など、流通各社をグループ内へとプリンシパル化することを積極化させている。

流通機能のプリンシパル化で、商社グループは、食のバリューチェーンの川上から川下への一気通貫の最適化を行うことを志向している。中立性を放棄することによる損失と、バリューチェーンのプリンシパル化による利益とを天秤にかけた結果だろう。

商社として中立性を維持して、多くのコンビニやスーパーに商品を販売していく行為は、多種多様な販売先を維持できるメリットがある。と同時に、各販売先との価格交渉や仕入れ担当者のケアなど、煩雑な取引コストが商社側に発生していたはずだ。あるいは、商社が特定のコンビニと連携して、新しいビジネスを始めようとするときには、コンビニの経営陣を説得するための取引コストが発生していたと推測される。商社がバリューチェーンをプリンシパル化して獲得する利益には、少なくない取引コストの削減が含まれている。

サービス業においても同様の動きが進展している。

米国に本拠を置くコンサルティング会社のアクセンチュアや後述するジェンパクトだ。これまで、彼らは企業のビジネスプロセスの改善を目指して、外部の第三者としてクライアントに知見を提供し、その対価を得ていた。しかし、昨今では、クライアント企業の資産や従業員を積極的に引き受け、プリンシパル化している。

コンビニで扱う食品のような定型商品の価格交渉に比べ、コンサルティング業界における商品・サービスは、コンサルタントの時間だったり、アイデアだったりする。その価値をクライアントに納得してもらうための取引コストは大きい。このため、クライアントの一部をプリンシパル化して取引コストを削減するインセンティブは大きい。

実際に、弊社でも、2014年8月、日立製作所の100%子会社である日立マネジメントパートナーの財務ソリューション事業部を会社分割し、その全株式をジェンパクトに売却するアドバイザリー業務を担当した。今後もこうした流れは加速していくだろう。

プリンシパル化は、中立性こそが本来のビジネスの根幹と思われるような産業でも始まっている。例えば、ウェブサイト運営会社が、サイト上で売買される商品やサービスの製造や仕入れをプリンシパル化する事例がある

ある民泊サイトの経営者にインタビューした際、「これからは民泊サイトの運営だけでなく、自ら民泊施設に投資をすることを考えている」と話すのを聞いたことがある。民泊サイト運営というビジネスを考えると、自ら民泊施設を保有することは、他の民泊施設の提供企業からしたら、そのサイトの中立性に疑問符が付く可能性がある。

それでもあえて自ら民泊施設を保有した方がよいという判断なのだろう。例えば、自ら保有する民泊施設を、クライアントからのフィードバックをベースに直接的に改良を加えていく方が、クライアント利益に資するし、民泊というビジネス自体の健全性を高めるこ

とができるから、とその経営者は述べていた。

M&Aだけが、プリンシパル化の手法ではない。

衣料品通販サイト「ゾゾタウン」を運営するZOZO（従来の「スタートトゥデイ」という社名から2018年10月にZOZOに変更）が、商品企画から製造・販売まで一貫して手掛けるプライベートブランド（PB）を発売することが報じられた。同社は、創業以来、販売手数料で稼ぐ「持たざる経営」をしてきたが、今後は在庫リスクを抱える「持つ経営」に踏み出す。

これも、民泊の事例と同様に、衣料サイト運営会社が、自ら商品を開発・販売するというプリンシパル化の動きである。サイト運営者にとって、第三者である民泊施設提供者、第三者であるアパレル製品提供者との様々なやり取りにかかわる取引コストを考えると、プリンシパル化した商品・サービスを扱う方が経済合理的であるという経営判断である。

プリンシパル化には、M&Aで取り込む場合も、自らその機能を自社で開発する場合もある。いずれにしても、資本を使って、在庫、資産、株式、従業員を新たに内部化するという行為だ。これは、換言すれば、貸借対照表《バランスシート》（B／S）を使って、売り上げの拡大や収益性の改善を行うことであり、「B／SでP／Lを作る」行為である。

髙島屋は資金調達して既存店舗を買い取った

身もふたもない「B／SでP／Lを作る」事例は髙島屋である。

同社は、2013年11月にユーロ円建ての転換社債（CB）を650億円発行し、巨額の資金調達でバランスシートを拡大させた。そして、翌12月に、そのキャッシュを使い、同社の新宿店と立川店の不動産を追加取得した。つまり、プリンシパル化したのだ。

新宿と立川の2店舗の不動産投資の支出総額は1170億円。結果として、2店舗の家賃は、年間で合計40億円前後減少したと言われている。この一連の動きは、1170億円の投資で年間40億円のリターンを得る行為であり、年間3・4％のリターンを生み出す投資だったと言える。

現在の低金利を考えれば、3・4％というリターンをもたらすこの投資には、経済合理性が十分にあったと判断できる。言わずもがなだが、店舗改装の有無、家賃など、リース店舗であれば店舗保有者との様々な交渉という取引コストが髙島屋に発生するが、自社店舗としてしまえば、これら取引コストはゼロとなる。

企業は創業されてすぐに、他社をプリンシパル化することはできない。プリンシパル戦略にはバランスシートが必要であり、創業間もない企業には十分な資本は存在しないからだ。

すべからく企業は、創業から当面の間、自らの業務領域での成長に専念する。一定程度のクライアントベースが確立でき、期間利益による資本蓄積や新たな増資などでバランスシートが拡充された時点で、次のステージに進む。それは、プリンシパル型の戦略をとるのか、非プリンシパル型の戦略をとるのかという選択である。

プリンシパル型の戦略は、徹底的なシェア拡大という志向からは一線を画することになる。既に獲得したクライアントベースに対して、いかに(内部化した)新しい商品やサービスを提供して、収益を極大化するかという動きだ。前述した民泊サイトやゾゾタウンが好例だろう。

プリンシパル型を志向すると避けて通れないのは、複数のステークホルダーとのコンフリクト(利益相反)問題である。

ローソンをグループ内に取り込んだ三菱商事グループは、プリンシパル化によってローソンとの取引コストを大幅に減額できたはずだ。一方、同社は、伊藤忠商事にプリンシパル化されたファミリーマートだけでなく、ローソンと競合関係にあるセブン‐イレブンとの取引を拡大していくことは難しくなった。

ゾゾタウンで自社PBの売り上げが大きくなってくれば、同じような商品を製造販売するアパレルメーカーとの関係はギクシャクしたものになるだろう。また、あるコンサルティング会社が、特定のビールメーカーのバックオフィス機能を、資産・従業員まるごとプリンシパル化して受託した場合、競合のビールメーカーのバックオフィスサポートをすることは困難となることが多い。

結局のところ、企業はある程度のクライアントベースとバランスシートが整った時点で、方向性の選択を迫られる。プリンシパル型か非プリンシパル型か、である。

非プリンシパル型戦略は、従来の延長線上で、さらにクライアントベースを拡大していくことを志向する動きである。この戦略では、さらなるシェア上昇による規模の利益を追求していくことが優先される。

さもなければ、プリンシパル型戦略である。ここでは、シェア志向が緩められる。むしろ、これまで獲得したクライアントベースに対して、自社の既存の商品・サービスだけでなく、新たに獲得した新しい商品やサービスを提供する動きである。既存クライアントベースをいかに最大に収益化するか、ということに専心する戦略とも言える。

企業の利益率とマーケットシェアは無関係である

プリンシパル型戦略には、前述した商社などの事例のように、コンフリクト問題が発生しやすい。コンフリクトによる既存収益の停滞・減少と、プリンシパル化による追加的な収益拡大というトレードオフ関係の中で、経営判断が行われる。

マッチョな経営を志向する経営者は、上記の2つの方向性の中で、非プリンシパル型戦略を選択しがちだ。つまり、シェア志向である。なぜならば、マーケットシェアの拡大が、規模の利益のプロセスを通じて、最終的な利益や企業価値を高めてくれると認識している場合が多いからだ。

また、マーケットシェアを高めて、デファクトスタンダード（事実上の標準）やインフラ企業になってしまえば、長期にわたって高い収益を獲得することができるという誤解の流布も影響している。最近では、プラットフォーム企業という言葉も使われている。

しかし、利益率はマーケットシェアの関数ではない。利益率は〝参入障壁〟の関数なのである。参入障壁がゼロの産業を思い浮かべてみよう。その産業で、100％のシェアを握っている会社があるとする。この会社が、金利以上の利益率（超過利潤）を獲得しようと商品やサービスの値上げをすると、どうなるだろうか。その産業は参入障壁がゼロなのだから、新規参入者が低い値段で商品やサービスを提供するため、たちまち競合によって超過利潤はなくなってしまう。

つまり、マーケットシェアよりも、参入障壁が重要なのだ。

これは、米国の経済学者ウィリアム・ボーモルによって提唱されたコンテスタビリティ理論と呼ばれるフレームワークである。ボーモルは、もし市場がコンテスタブル（参入障壁がなくて競争が可能なこと）であるならば、大型投資が必要な航空産業や通信産業のような公益産業ですら規制は不要であり、規制緩和を進めるべきという論陣を張った。

コンテスタビリティ理論は、レーガン政権やサッチャー政権が行った規制緩和の後ろ盾となり、1つの大きな流れを作った。ここではその是非は議論しない。ただし、ボーモルがマーケットシェアと独占利益とは関係が希薄であることを主張したことは、プリンシパル化・非プリンシパル化を考える上で重要な示唆だと考える。

最近流行りのプラットフォーム企業、あるいはプラットフォーマーという言葉も定義は曖昧である。おそらく、特定の産業におけるマーケットシェアの高低を指して、高いシェアを占めている企業をプラットフォーム企業と呼んでいるのだろう。そして、プラットフォーム企業になれば、超過利潤を享受し、業界のカーストの頂点に立てると妄想されているのだ。

しかし、前述したように、各社の利益率はマーケットシェアではなく、各社が作り出す参入障壁の高低によって決定される。

例えば、通信業界では、紛れもなくＮＴＴドコモ、ＫＤＤＩ、ソフトバンクが、プラットフォームを提供している。しかし、ＬＩＮＥなど、回線を使った新しい産業が勃興してくると、これらプラットフォーム企業は「土管」と呼ばれるようになった。

そして、ＮＴＴドコモが、「ｄポイント」を使って利用者を囲みこむような戦略を始めると、２０１７年4月20日付「日本経済新聞」の記事「ＮＴＴドコモ、ｄポイントで探る『土管』からの脱却」のように、いかに「土管」ビジネスから遠ざかるかが重要だと言われる。

ＮＴＴドコモなどは、常に回線を提供している企業である。利益が出ている間、つまり業界カーストの上位にいる間は、彼らはプラットフォーム企業と呼ばれる。そして、他のプレイヤーが台頭してくると、「土管ビジネスに成り下がる」と言われる。

結局、プラットフォーム企業かどうかは、明示的な定義があるわけではない。利益が出ている状態であればプラットフォーム企業と呼ばれ、そうでなくなると土管と呼ばれるだけなのだ。プラットフォーム企業を目指すという経営目標は、定義の極めて曖昧なスローガンではないだろうか。

3 プリンシパル型vs非プリンシパル型

【プリンシパル型と非プリンシパル型の比較】

次ページの図10に、プリンシパル型と非プリンシパル型のポイントをまとめてみた。プリンシパル型とは、第2章で紹介した中国の春秋旅行が創業したLCCの春秋航空のように、自ら内部化して執行する戦略である。非プリンシパル型とは、旅行代理店であった当時の春秋旅行のような業務であり、エージェント型のビジネスと言える。

80ページの図4のコングロマリットの議論で言えば春秋旅行はまず旅行代理店として中国で成長し（L1）、その後海外に拠点を設けた（L2）。そして満を持してLCCビジネスに参入し、右下のL3のポジションをうかがう会社までになった。

春秋旅行はL1→L2→L3という過程で、海外の旅行会社と提携したり、他のLCC

	シェアの重要性	ALMの重要性	情報の非対称性	コスト削減の方向
プリンシパル型	低い	高い	利用する	内部の取引コスト
非プリンシパル型	高い	低い	なくす	規模による限界コスト

出所：フロンティア・マネジメント

図10｜プリンシパル型、非プリンシパル型ビジネスの特徴

の座席を販売するなど、非プリンシパル型の戦略もありえた。しかし創業者である王正華董事長の強いリーダーシップの下、バランスシートを使ってプリンシパル型によるグローバルなコングロマリット形成を仕掛けたのである。

多角化を行う際、事業の多角化も地域の多角化も、プリンシパル型と非プリンシパル型の両方がありえる。ただし多くの場合、事業の多角化はプリンシパル型で自らコントロールする場合が多い。一方、地域の多角化は、海外の代理店に依頼するなど非プリンシパル型も少なくない、ちなみにこうした海外代理店の買収こそが本書で指摘する境界統合型M&Aの例となる。

前述したように、プリンシパル型ではシェア争いの重要性が下がる。一方、バランスシートを使った経営へと舵を切ることで、従来の経営に比べて非連続的に資本が拡大する傾向にある。このため、一般の事業会社ではそれほど重要ではない資産や負債の総合管理(ALM：Asset Liability Management)が重要になってくる。

ALMは、もともと米国の大手商業銀行で開発された、銀行財務における動的な資産・負債管理手法である。プリンシパル型の経営を志向する企業は、様々な金融指標に注視した資金調達を考えなくてはならない。常に調達コストを低位にしていく必要があるからだ。保有している資産の収益性についても、採算の観点から厳しく管理をしていかなくてはならない。そして、第3章で議論した「内部化理論」のように各資産の収益性やリスクの高低に照らして、資産ポートフォリオをこまめに入れ替えていく必要が出てくる。これがなければ、一時は隆盛を誇り、1990年代から不人気になってしまった多国籍企業（多くはコングロマリット企業）と、同じ運命をたどることになってしまうだろう。

一方、非プリンシパル型の経営を志向する企業は、当該産業におけるシェアを極限まで高めて、自らがプラットフォームやデファクトスタンダードになることを志向する。

ただし、前述したように、単にシェアを拡大するだけでは、収益性の改善にはつながらない。シェアを拡大すると同時に、その参入障壁をいかに高めるかという戦略を遂行していくことが必須となる。そうでなければ、単に図体が大きいだけの低収益企業に成り下がってしまう。先に触れた「土管」だ。

また、非プリンシパル型の経営では、当該企業の商品やサービスを使うユーザーにとって、情報の非対称性やゆがみを生じさせないことに専心しなくてはならない。

例えば、シェア拡大を目指す宿泊ホテルの予約サイトでいえば、ホテル側と消費者側で情報の非対称性がないように努力することで、存在価値が生まれてくる。消費者が自らホテルに連絡して、情報を獲得したり、何らかの交渉をしたり、といった消費者が負担する取引コストを引き下げることこそが、予約サイトの生み出す便益の1つだからだ。

逆に、プリンシパル型では、ユーザーが抱える情報の非対称性を利用することで、超過利潤を生み出そうという行動パターンとなる。まだ自社グループに内部化できていない事業や資産が、情報の非対称性やゆがみによって、ユーザーに過小評価されている場合、この過小評価された事業や資産をプリンシパル化するインセンティブが生じる。

例えば、民泊サイトの運営者が、潜在的にはハイグレードの民泊施設への消費者ニーズが高いと判断したとしよう。民泊サイト運営者は、自らハイグレード施設を建設する。あるいは、ユーザーにあまり知られていないハイグレード施設を運営する会社を買収する。こうした内部化のインセンティブが発生する、プリンシパル化したハイグレード施設を、適切な価格で消費者に販売することで、同社は超過利潤を獲得することが可能となる。

収益性を上昇させるための、コスト削減の方向性についても違いが見られる。

プリンシパル型の場合、バリューチェーンやビジネスプロセスを内部化していく。内部化した事業や資産と、既存の組織との間にあった取引コストを削減していくことが収益性の改善施策の主眼となる。

近年、企業と企業の取引は透明性が求められている。随意契約が忌避され、公平性・公正性は大きく改善した。これは同時に、企業間の取引コストの増加を意味し、その削減のためにもプリンシパル化の動きに拍車がかかるだろう。

非プリンシパル型の場合、シェアを拡大していくため、シェア拡大による規模の利益が見込まれる産業もある。しかし、参入障壁を設けない限り、シェアの拡大は利益の拡大につながらない。また、少なくない産業では、企業規模が拡大すればするほど、本部コストなど非営利部門の肥大化というリスクがある。このため、シェア拡大戦略を採用する企業ほど、不断の非営利部門の効率化が必須となる。

【歴史的な低金利がプリンシパル型の経営を後押し】

プリンシパル型の経営を後押ししているものとして、低金利も重要なファクターである。第3章の図5で示したM&Aの恒等式を思い出していただきたい。内部化を進展させるM&Aのゴーサインは、得られる利益と調達コストとの差がプラスの場合に見られる。新規ビジネス参入型では、対象事業・企業のROAがCOC（資本コスト）を上回るかどうかがポイントであり、水平統合型では対象事業・企業のROAとシナジー効果の総和、境界統合型では対象事業・企業のROAと取引コスト削減効果の総和、がそれぞれCOCを上回るかどうかがポイントと指摘した。現在の低金利がCOCを低下させ、企業各社にとってM&Aを推進させていることは相違ない。

歴史的に見ても、低金利を背景にした過剰流動性によって、企業や経済主体が、もともと内部に存在していなかったものをプリンシパル化して巨大化した事例は少なくない。

少し古い話になるが、400年前のイタリアの話がある。

水野和夫氏『資本主義の終焉と歴史の危機』や藤井まり子（眞理子）氏のウェブサイト「アゴラ」での論考「400年ぶりに起きているデフレと長期不況（利子率革命）」によると、400年前のイタリアにおいて低金利状態が長く続き、過剰流動性問題が生じた。

当時のイタリアでは、20年もの長期間、国債の金利が2％以下となり、メディチ家など富裕層が国債による資産運用を続けていくのが難しくなった。現在に生きている我々からすると2％の金利はそれほど低い水準ではないかもしれない。しかし、金融が発達していなかった当時において、2％という国債金利は、現在で言えばゼロ金利のような状態だったと推察できる。

当時の富裕層は2％の利回りでの国債運用では利殖ができないと判断した。国債での運用を手じまい、高い配当利回りであった東インド会社の株式の購入が開始された。東インド会社のバランスシートは、この時期から急激に拡大することとなった。

イタリアの経済学者カルロ・チポラは、この17世紀初頭のイタリアの超低金利時代を「利子率革命」と名付けた。これを機に、東インド会社は、急速にプリンシパル型戦略を進め、企業構造を変えていった。過剰流動性を背景に、世界最古の商社とも言われる東インド会社は、マドラスの要塞建設をはじめ、バランスシートを積極的に使いながら、ビジネス（軍隊までも保有していた）をプリンシパル化して成長していった。

長期の低金利という経済環境は、バランスシートをうまく梃子《てこ》にして、収益を成長させる度量を持った企業にとってはフォローの風となる。

振り返ってみると、バブルが崩壊して以降、日本における経営論談は、プリンシパル型とは逆のことが、経営手法の保守本流と言われていた。１９９０年代後半の「選択と集中」がそうであったし、それ以前は１９８０年代の「持つ経営」と「持たざる経営」がその最たるものであった。

ダイエーやそごうなど、店舗不動産を保有して積極的な設備投資を行って成長してきた小売企業が、実際に経営危機や経営破綻に見舞われたことで、「持つ経営」は不適切な経営と判断された。その一方で、店舗不動産を保有しない「持たざる経営」は王道と言われてきた。１９８０年代のイトーヨーカ堂は「持たざる経営」の象徴とされ、「持つ経営」の象徴であるダイエーとの比較感で高い評価を得ていた。

しかし、「持たざる経営」の旗手だったイトーヨーカ堂も今は低収益に喘《あえ》いでいて、店舗不動産を持つか、持たないか、ということは（当たり前だが）、本質的なことではないことが明白になってきた。むしろ、髙島屋のように、資本を使って店舗不動産を従来以上に保有して期間損益を引き上げようという動きが活発化しているのが現状だ。

加速しているプリンシパル化戦略

非プリンシパル型（シェア追求）の経営を志向する経営者は、「我々は中立でありたい」と強く主張する傾向がある。これは、プリンシパル型の経営の際に必然的に発生するコンフリクト問題に向き合わず、単に回避しているだけの可能性もある。

非プリンシパル型を志向して、しっかりとシェアを拡大できているのならばよい。しかし、中立性や独立性は堅持できているものの、極めて小規模な企業が乱立しているだけの産業が数多く存在しており、業容の拡大が後回しとなっている例が少なくない。

これは、中立性や独立性こそが自己目的化し、企業として収益や企業価値を増大させていくという本来の目的が軽視されている結果ではないだろうか。こうした誤解を解消していくことで、過剰な企業数は解消し、不必要な競争が回避され、業界全体も、生き残る企業も収益性を健全なレベルまで引き上げることが可能となろう。「選択と集中」という呪縛から次々と離れる動きが、加速している。

実際にパナソニックは、2018年6月、民泊事業に参入することを発表した。民泊施設の設計・建設から運営まで一括して受託する。東京と大阪という需要の高いところからスタートし、一泊5000円程度で自社商品の貸し出しを始めるという。

インバウンド観光客をターゲットとし、外国人に人気の美容家電などをそろえ、使い心地を体験できる「ショールーム」としても活用する。民泊施設内には家電のほか浴室などの住宅関連の機器も設置される。

パナソニックから見れば、自ら民泊施設を持つことは、他の民泊施設運営会社との関係など、いくつかのコンフリクトを抱える。しかし、それぞれの民泊施設運営会社とのやり取りといった取引コストを削減できるのであれば、内部化して民泊施設を運営する方に経済合理性があると判断したのだろう。

一方、現在の日本企業が抱える取引コストの増加を象徴するようなニュースが、2018年6月に「日本経済新聞」から配信された。それは「企業内弁護士がこの10年で10倍以上」になったという記事である。

経済産業省は、日本弁護士連合会などの調査をもとに、企業内弁護士の数を資料にまとめている。この資料によると、2007年の企業内弁護士は188人だったが、2017年には10倍以上の2051人まで増加した。個人情報の取り扱いや知的財産など、法務のスキルを求められる場面が広がったことが背景にある。

記事によると、2000年代の小泉政権は「聖域なき構造改革」を掲げ構造改革特区の設置などの施策を打ち出した。経済産業省は「規制緩和でチャンスが増え、法律に精通した人材の需要も高まった」と見ているようだ。

確かにその見方も一理あるだろう。

だが、一方で、従来とは異なる取引先との企業間接触が増えたことで、企業が抱える取引コストも同じく増大したとも考えられる。だからこそ、企業内弁護士がこれほど増加したのではないだろうか。

企業内弁護士が多いのは、IT系、金融、商社だという。この記事が配信された時点で、企業内弁護士の数は、ヤフーが30人、野村證券20人、三井住友銀行20人、みずほ証券15人、三菱UFJ銀行15人、三菱商事20人、丸紅15人となっている。

取引コストは、サイレントキラーのように、日本企業の至るところで増加している。そして、聡明な企業は、その増加に対応するために、内部化戦略と取引コスト対応チームの組成を加速しているのである。

【コングロマリット化に活路】

ここまでの論考を踏まえれば、企業経営に対する示唆は極めてシンプルである。それは、プリンシパル化、またプリンシパル化の先にあるコングロマリットの形成を検討することを、日本企業は選択肢の1つに入れるべきである、ということに尽きる。プリンシパル型の戦略をとればとるほど、結果として各社はコングロマリット化する。これこそが、今後、少なくない日本の企業が積極的に選択肢に入れるべき経営ではないだろうか。

第1章で指摘した通り、1990年代後半からの「選択と集中」で、日本企業の経営は大幅な減量を行った。日本全体の経常利益はバブル末期と比較しても約2倍の水準に達し、「選択と集中」はいったんの成果を見せた。しかし、次の成長に向けた種まきができておらず、日本全体の売上高はバブル末期とほぼ同水準にとどまっている。「選択と集中」を行ってきたために、企業各社も本業以外の成長の芽が乏しくなっている。次世代に向けた人材、資産、研究などが十分に確保されているとは言い難い。

有利子負債は圧縮し、バランスシートはスリムにはなった。むしろ、スリムすぎるバランスシートになっている可能性すらある。

スリムすぎるのは芳しくない。「スリムであることが美」と捉えられがちなファッションモデルの世界でさえ、痩せすぎには警鐘を鳴らしている。2017年5月、ファッションの中心地フランスで、極端に痩せているモデルの活動を禁止する法律が施行された。各モデルには、BMI（肥満度指数）が低すぎず、健康体であることを証明する医師の診断書提出が義務づけられた。法律違反のモデルを起用する事務所は、最大7万5000ユーロの罰金及び最大6カ月の禁固刑が科せられる。これは、モデルの健康状態を守り、拒食症など摂食障害を防止するためと言われている。

コンプライアンスやコーポレートガバナンス・コードなど、企業を取り巻く法律や制度はより厳格化を求められている。株式の持ち合い解消やICTの発達により、企業各社は、固定化された取引からオープンな取引に直面している。これらは、すべて、企業各社にとっての取引コストを引き上げる。「取引コスト上昇」の局面を迎えているのである。

だとすると、今こそ企業は、アニマルスピリットを使って、水平型、新規ビジネス型に加え、境界統合型のM&Aを考える時ではないだろうか。あるいは、オーガニックに自社で新規ビジネスを立ち上げる時ではないだろうか。

「本業以外はやらない」という過度にスリム化された思考を開放し、1つひとつ新たなビジネスの可能性を検討する。こうすることで、スリム化されすぎたバランスシートは、少しずつ赤みを帯びた血色よい肌色を取り戻していく。

取引コストを考慮に入れた多様なM&Aの推進、本業以外も含めて機会主義的なビジネスの可能性の追求。こうしたプリンシパル型経営を進めていく中で、新・コングロマリットが日本各地に生まれていく。また、既存企業やコングロマリットの資本を背景に、新しいベンチャー企業も生まれていく。

起業があまりにもしやすく、中小企業という枠組みのビジネスが魅力的だった戦後の日本。そこで無尽蔵に設立された数多くの中小企業。筆者が専門としてきた流通業界が象徴的であるが、オーバーキャパシティの問題が依然として日本には横たわっている。キャパシティとプレイヤーが過多となっており、これが既存企業の低収益につながると同時に、本格的な新たな企業の登場を妨げている。

問われるべきは中小企業の数ではない。高収益、高成長といった高質な新興企業の有無こそが、重要なのだ。「選択と集中」を行い世界で戦う日本企業、日本の各地に根を張るコングロマリット、新たに生まれる高質の新興企業。こうした様々な様態の企業・企業群が切磋琢磨して存在することで、日本経済は厚みを増し、将来への可能性を秘めた存在となる。

4 ホワイトカラー工場の出現

【事務職の海外移転が始まる】

今後の日本企業は、外部に存在している他の企業との取引コストをさらに考慮し、プリンシパル化を図りながら収益の拡大を追求することになる。では、事業や企業が抱えている雇用すなわちホワイトカラーはどのようになっていくのだろうか。

第3章の後半で、事業や企業は収益性が低下してコモディティ化（標準化）した業務になっていくほどに外部化される可能性について指摘した。実は、その対象とは、事業や企業だけでなく、個々人の業務も含まれる。コモディティ化したあらゆる業務は、企業の強い外部化インセンティブにさらされる。しかも、コモディティとなった業務は、企業内から押し出されるだけではない。日本の外へまで押し出される可能性が出てきているのだ。

かつては、この図式は、製造業の工場で見られた。

1980年代後半の円高局面以降、日本の製造業のコストは割安ではなくなった。日本の製造業各社は、中国や東南アジアで均質な労働力のコントロールが可能になってくると、工場や拠点を日本から脱出させた。

現在、日本の就業者数に占める製造業の比率は20%以下となっており、今後もこの比率は低下していくだろう。今や日本の就業者のほとんどは第三次産業に就いており、ホワイトカラーの事務職が多くなっている。

実は、今起こりつつあるのは、従来のブルーカラーではなく、このホワイトカラーの仕事が海外に移転されているということなのである。

企業側が、業務を標準化して、外部化したとしても、それが日本のフリーランスの業務に転化されることはなくなっている。日本語を話す外国人を大量に集めることで、日本以外の地で日本企業が外部化した標準業務を専門に扱うサービスが急増しているのである。

例えば、中国の大連を訪れてみるとよく分かる。

大連は、豊富な日本語人材を抱えている。彼ら・彼女らを使ったアウトソーシングビジネスが花盛りだ。経営学用語では、ビジネス・プロセス・アウトソーシング（Business Process Outsourcing）と呼ばれ、略語としてＢＰＯと言われたりもする。

大連はそれほど大きな都市ではなく、中国全体で見ると人口は第20位ぐらいの中堅都市である。日本で人口が20位前後の都市といえば、神奈川県相模原市や岡山県岡山市などに相当する。ここに日本語を使ってビジネスをできる人材が10万～20万人いる。

大連のＢＰＯビジネスの象徴的な存在は、「大連ソフトウェアパーク（ＤＬＳＰ）」だ。ＤＬＳＰの敷地面積は東京ドーム70個分で、そこに20棟以上のビルが建設され、多くの中国人が仕事をしている。もともとはコンサルタントの大前健一氏が大連市にアドバイスをし、１９９８年に竣工した。世界的に見ればインドのバンガロールや東欧（ルーマニアなど）がＢＰＯ企業の集積地として有名だが、日本語人材という点では大連が唯一無二の選択肢である。

ＤＬＳＰ内の企業を訪問すると圧巻な景色が見られる。だいたい、１フロア数百人の中国人が黙々とパソコンに向かって仕事をしている。情報漏洩を厳しく管理しているため、オフィスに入る時は、飲み物、常備薬、ティッシュ以外は持ち込みが禁止されているＢＰＯ企業が多い。確かに、机の上にはパソコン以外、何もない。オフィスの各部屋の出入り口に検査官が立って警備している会社もある。

ざっと見たところ、従業員の80％以上は女性。言語能力に優れている、などの理由によるらしい。20～30代が多いだろうか。外に出ての営業がない、労働時間が基本的に決まっている、などで人気だという。

日本の少子高齢化は杞憂ではないかと思うほど、流暢な日本語を操る若い中国人が次々と就職希望で現れると聞くから驚きだ。特に、大連は中国の東北地方では裕福なエリアであり、語学が得意な東北地方の若い中国人にとって人気の就職エリアとなっている。

【付加価値の高いアウトソーシングが増加】

ＢＰＯと聞くと、コールセンターなど単純作業の下請けと思われがちだが、実態は我々の想定をはるかに超えている。

ある日系自動車メーカーの購買は、ほぼすべてを大連のＢＰＯ企業が行っている。しかも、その発注プロセスは既にロボットによって完全に自動化済みだ。大手日系住宅メーカーも、顧客向け提案資料の作成のほぼ90％を大連のＢＰＯ企業に発注している。

ＤＬＳＰで消費財メーカーのお客様窓口業務を行っている様子を見学したことがある。日本から消費者がチャットで質問やクレームを書き込むと、単純な質問に対してはロボットで自動的に返信する。また、パソコンの前に座っている中国人女性が、込み入った質問については丁寧な日本語でチャットを返している。

ある企業では、携帯電話の登録申請の受付を行っていた。

日本の消費者が手書きで書いたものを瞬時にパソコンで登録する。そして、申請された書類に添付された運転免許書の偽造がないかどうかも、大連で判断する。この業務を専門に行っている中国人女性に話を聞くと、偽造でよく使われる写真の顔はもうすっかり記憶しているそうだ。

いずれ、これらの業務はＡＩ（人工知能）技術の進展によって、さらに省力化、自動化されていくことになる。

広告やチラシの作成も始まっている。

日本から送られてきたラフな素案をベースにイラストを作ったり、最終版の折り込み広告の制作をしたりしている。また、チラシなどは、どこまでが日本の法律上表示してよいかというチェックまで行っており、もはや単純作業とは言えないレベルとなっている。

大連はまさに「ホワイトカラーの工場」である。

しかも、ここでは、単純作業ではなく、知的作業のアウトソースが急増している。今ではＢＰＯではなく、ＫＰＯ（Knowledge Process Outsourcing）と呼ばれたりしている。結果として、中国の中堅都市である大連はユニークな輝きを放つ都市へと変貌した。

【GE出身のBPO企業が世界最大手の一角へ】

この潤沢な市場を目指して、世界の巨大資本も続々入ってきている。象徴的な企業が、先に少し触れたが、BPO最大手の一角を占めるジェンパクトである。

同社の社名をアルファベットで書くと「Genpact」。最初の二文字「Ge」から連想される通り、同社はもともとジャック・ウェルチがCEOを務めていたGEの一部門であった。2005年にGEから独立し、2007年にはニューヨーク証券取引所に上場。現在、世界で約8万人の従業員を擁する巨大アウトソーシング企業である。

同社は世界780社以上をクライアントとし、このうち5分の1がフォーチュン500企業と言われている。大連のDLSPに初めてオフィスを構えたのもジェンパクトであり、中国初のBPO企業でもある。ジェンパクトがGEから外部化されて独立企業として誕生し、そのジェンパクトが前述のように日立グループから一部の機能を引き受けて内部化する。経済のダイナミズムを感じる動きである。

ジェンパクト含め、IBMやアクセンチュアなど、世界の大手資本がBPOを含めたアウトソーシングビジネスを積極化している。

彼らのサービスが洗練されて巨大化すればするほど、多くの企業は業務プロセスを見直し、合理的な選択の結果として業務の外部化を進めるだろう。その際、日本企業や日本のホワイトカラーにとって、言語や国境の壁は限りなく低くなる。

外部化される日本企業の業務は、必ずしも日本にとどまるわけではない。日本の企業内ホワイトカラーの仕事が日本のフリーランスの仕事に置き換えられるわけではないのだ。

少子高齢化で労働者が少なくなる日本では、コモディティ化した業務の生み出す付加価値と、日本国内の労働者の賃金がマッチしなくなることだって出てくる。日本のホワイトカラー（社員もフリーランスも）にとって、大連などのＢＰＯビジネスの隆盛は大きな脅威である。

我々日本人労働者にとって、本当に企業にとって付加価値のある仕事でしか、十分な報酬を得られなくなる世界が待ち受けている。

［ベンチャー企業の増加がクリエイティブ系フリーランスの活用を促す］

ここまで読んでくると、ホワイトカラーの未来は明るくは見えない。取引コストが増加する時代においては、フリーランスにはなおさら先がないようにも思えてくる。コモディティ化したホワイトカラー業務は大連など海外に移転され、体力を使う作業のような業務だけが日本に残される印象もある。

実際、今の日本の状況では、そうなる可能性が大きい。

暴走する経営者に歯止めをかけたり、現場の不祥事を防いだり、といった現在のコーポレートガバナンスの方向性は不可避であり、不可逆的である。そのモデルは米国であり、日本のコンプライアンス、コーポレートガバナンス・コードなどはさらに米国型に近づいていくだろう。大きな方向性としては、間違っていない。

この動きは、既存の企業にとって、外部プレイヤーとの間に高い確率で取引コストを発生させ、企業行動に影響を与える。日本に比べて米国では、弁護士やアドバイザーの仕事に携わる人が多いが、これは米国における取引コストに対応した、合理的な企業行動の結果と言える。

米国型の企業統治は、企業の収益性の引き上げを促す。企業側はそれに応えるためにも、低付加価値のコモディティ業務を外部化するが、今後これらは海外に移転していくことが予想される。

フリーランスは受難の時を迎えている。

この受難の打破に必要なのは、「ベンチャー企業の活躍」と「フリーランスの環境整備」であると筆者は考える。前者はクリエイティブ系である狭義のフリーランスに、後者は一般的なサービス業など広義のフリーランスにとって有効である。

クリエイティブ系の仕事に関して既存企業は、特に大手になればなるほど、思い切った外部のフリーランスの起用は難しい。大金を払ってスター選手のようなフリーランスを使うか、新卒採用した優秀そうな学生を本社スタッフとして時間をかけて育てる方向となりがちだ。

社外との取引コストにも慎重になるし、企業統治としてリスク回避型にどうしても進んでいく。既存企業のこうした行動は批判すべきものではない。

日本だけでなく、世界中の既存企業の行動はこのようなものだろう。それが、企業にとって合理的だからだ。

とはいえ、日本以上に自営業者比率が低い米国で、数字の正確さの議論はさておき、アップワーク社によればフリーランスが高い水準で受け入れられている。この日米の相違の原因は、ベンチャー企業の活躍ではないかと考えられる。

ベンチャー企業であれば、思い切ったクリエイティブ系フリーランスの活用がしやすい。そもそも、ベンチャー企業は社内に人がいないし、資金もないのだから、スター選手のようなフリーランスを雇うことはできない。正社員として採用できないならば、フリーランスも含め、まずは人的リソースをかき集めて事業を立ち上げる。

その中で、ベンチャー企業の社員になっていくものもいるし、クリエイティブ系フリーランスとして結果を出して、スター選手へとステップアップするフリーランスも出てくるだろう。いずれにしても、クリエイティブ系フリーランスに様々なチャンスを提供するのは、ベンチャー企業である可能性が高いということだ。

新しい企業の出現が停滞することが最も悪なのだ。

既存の事業会社は、合理的な選択としてクリエイティブ系・高付加価値系の業務ではリスクをとって新しいフリーランスを雇用することをしない。そして、特定の既存取引先のフリーランスとだけ仕事をする行動になりがちだ。

こうした行動は、商品・サービスの企画やマーケティングで新しいものを生みづらく、結果として既存の産業のさらなる停滞につながっていく。

フリーランスがフリーになる生態系

付加価値があまり高くないフリーランスの業務については、その担い手が活躍できる環境整備が必要だろう。

前述したように、標準化されてコモディティ化されたホワイトカラーの仕事は、大連をはじめどんどん海外へと移管されていく。だとするならば、ホワイトカラーは大連などに移管されず、AIにも代替されにくいテイラーメイドの仕事を志向するか、業務の外部移管のプロセスに自ら積極的に組み込まれて行く仕事をすることが必要となる。

交通費精算や会議室の予約など、ひと昔前であれば日本国内で働く秘書やアシスタントが行なっていた仕事が、今では大連から遠隔で行われている。しかし、重要なクライアントにオフィスに来訪いただいた際の応接室での対応は、大連からではできない。フリーランスを含めて一般的なホワイトカラーの仕事は、日本でしかできない業務にさらに特化して行く必要がある。

日本企業は日本における従業員がより付加価値のあるテイラーメイドの仕事ができるよう、既存のホワイトカラーの仕事を細かくモジュール化する必要がある。モジュール化された非定型の仕事を行う存在として、日本の一部のホワイトカラーは生き残ることが可能だろうし、その外部要員としてのフリーランスも同様に残るだろう。

もう1つの方向性は、大連など「ホワイトカラー工場」となる海外BPO拠点と一体化した仕事を展開することである。多くの日本企業にとって、企業秘密が含まれる本社機能を大連にいきなり移管することには躊躇がある。このため、中洲的存在として日本でBPO拠点を地方に作ることが考えられる。いきなり大連に移さず、まずは日本の地方都市でBPOを行い、十分に業務がこなれたものから順次大連に移して行くのである。

この場合、日本で働くホワイトカラーやフリーランスと大連とは完全なる共存共栄関係となる。筆者が大連の「ホワイトカラー工場」の話をすると、往々にして日本における雇用が奪われるといった二項対立の文脈で語られる傾向がある。しかし、実際は、リカードの比較生産の議論と同様に、日本と大連は補完的で、両者にとってメリットをもたらす関係になる可能性が高いのだ。

日本において厚みのあるコングロマリットの数が増え、コングロマリットの傘下や出資先に新しい優良ベンチャーが成長していく。こうした資本を背景にした優良ベンチャーであれば、思い切った戦略をするだろうし、クリエイティブ系フリーランスを活用することのハードルも低いだろう。

また日本企業が健全な競争の過程で日本に残すホワイトカラーの仕事とBPOの「工場」に託すものを選択する。その中で日本のホワイトカラー（フリーランスを含む）は真に物理的に日本でしかできないことに特化して生産性を高める。あるいは大連などに業務移管するプロセスの一部として活躍する。

こうした生態系が作られ、活躍の場が増加することで初めて、ホワイトカラーの仕事は輝きを増し、日本におけるフリーランスは健全に増加していくと予想される。

フリーランス、特にクリエイティブ系が健全に増加していくことは、フリーランスが本来保持するクリエイティビティを維持・向上させる必要条件である。彼ら彼女らのクリエイティビティの発揮こそが、企業に刺激を与え、企業の変化対応の触媒となる。

優良なベンチャー企業がフリーランスにチャンスを与える。チャンスを与えられたクリエイティブ系フリーランスが、クリエイティビティを発揮し、優良なベンチャーにさらに成長するチャンスを与える。優良なベンチャーの成長は、既存企業との健全な切磋琢磨を生み出し、BPOの積極的な活用を含め新しい業界再編を促していく。こうした新しい生態系の構築が今こそ日本に求められている。

あとがき

文学の持つ力は強い。

企業経営は紛れもなく、社会科学（経済、経営、金融など）に分類される行為である。しかし、経営者は、基本的に言葉を操る職業だ。社員やステークホルダーと会話して経営を行う以上、言葉の持つ力の有無が経営力に影響を及ぼしてくる。

例えば、日本の土地を購入する外国人についてどう表現するか。

多くのオーストラリア人がニセコの別荘を買えば、メディアは「雪質の高い北海道に目をつけたオーストラリア人が投資を積極的にしている」とポジティブに報道する。しかし、北海道の水源地を中国人が買えば、「水質の高い日本の水源に中国人が投資する」とは報道されない。「水に目をつけた目ざとい中国人が日本で水源を買い漁っている」と表現される。

社会科学で見れば同じ現象でも、我々人間は、付与される言葉の魔力の相違、説明の仕方の違いによって、まったく異なった心理的影響を受け、異なった解釈をし、理解する。古代より、人類は演劇や文学などの恩恵で人生を豊かにしてきた。人間は元来言葉で表現したいし、他人が表現したものを味わいたいのだ。それが文学であり、演劇である。

しかし、この人間本来の感覚を経営に持ち込んでしまうと弊害が生まれる。「持たざる経営」や「選択と集中」という表現も、本来は社会科学としての経営学における客観的な有り様に紐付いた言葉だったはずだ。しかし、社会科学の言葉としての性質が希薄化し、文学として一人歩きし始めると、たちまちスローガン化し、本来の意味から離れていく。そして、文学に無意識的に引き寄せられやすい我々人間は、前述のオーストラリア人と中国人の日本投資と同様に、経済現象を冷静に見る目を奪われてしまう。

冷静な目を奪われた人間は、同調圧力が働いて思考や行動パターンが均一化する。結果、為政者やメディアの影響を受け、集団的にある方向にいざなわれてしまうことさえある。これは「意識の集団化」と言える。平成の世における「選択と集中」の大合唱の根底には、日本におけるビジネスパーソンの「意識の集団化」があったのではないだろうか。

多角化や新規事業、異業種とのM&Aなどを感覚的に避ける経営者が多いのは、その影響が大きいのではないか。「はじめに」でも触れた通り、2019〜2020年は節目の年であり、本書が、日本企業が行動パターンを変化・進化させていく一助になればと考えている。

2014年に出版した『時間資本主義の到来』(草思社)以来、編集者の三田真美氏には、筆者の本を一貫して編集していただいている。本書も、私の当初のバラバラで粗野なアイデアに、軸を通していただくことで、本としてやっと格好が整ったと認識している。深く感謝申し上げたい。

筆者が共同代表を務めるフロンティア・マネジメントでは、共同代表の大西正一郎氏をはじめ多くの同僚との切磋琢磨があり、筆者は知的刺激を間断なく受けている。本書を書くにあたっては、中国BAT(バイドゥ、アリババ、テンセント)について中村達氏と季欽欽氏、GAFAやネットフリックスについて栗山史氏と福田聡一郎氏、電子部品業界につい て村田朋博氏に意見を伺った。また、本書全体については、前著『宅配がなくなる日』の共著者である山手剛人氏にアドバイスをいただいた。皆さんに御礼を申し上げたい。

筆者は中国語のレッスンを始めて7年になる。毎週、作文の宿題が出るのだが、先日は、先生からこんな問題を出された。

「ビジネスで成功するためにはどうすればよいか?」

恥ずかしながら筆者は、たどたどしい中国語で「一生懸命、諦めずにやること」と作文してみた。すると、中国語の先生は苦笑しながらこう言い放った。

「色々なことにチャレンジせずに、１つのことを一生懸命諦めずにやっていて、どうして成功できると思うの？」

かくして、日本人にもたらした「意識の集団化」の罪は重い。

筆者

参考文献

・安室憲一（2009）「『内部化理論』の限界有効性」『立教ビジネスレビュー』２００９年第2号
・泉田良輔（2013）『日本の電機産業――何が勝敗を分けるのか』日本経済新聞出版社
・ウィリアム・ボーモル（2010）『自由市場とイノベーション』足立英之訳、勁草書房
・外務省「海外在留邦人数調査統計」https://www.mofa.go.jp/mofaj/toko/tokei/hojin/index.html
・経済産業省（2018）「国際競争力強化に向けた日本企業の法務機能の在り方研究会報告書」
・KPMG FAS(2011)『図解でわかる企業価値評価のすべて』日本実業出版社
・財務省『法人企業統計』https://www.mof.go.jp/pri/reference/ssc/index.htm
・J.ラマチャンドラン、K.S.マニカンダン、アニルバン・パント「新興国企業グループに学ぶ　コングロマリット経営を再評価する」『ハーバード・ビジネス・レビュー日本語版』２０１４年5月号
・ジャック・ウェルチ（2001）『ジャック・ウェルチ　わが経営』〈上・下〉宮本喜一訳、日本経済新聞社
・ジャック・ウェルチ（2005）『ウィニング　勝利の方程式』斎藤清美訳、日本経済新聞社
・週刊ダイヤモンド「特集ＰＬ脳をぶっ飛ばせ　47歳から会計・ファイナンスを勉強した三菱ケミカルホールディングス小林会長が語る『経営とはＭ＆Ａだ』」２０１８年9月15日号
・ジョン・メイナード・ケインズ（1995）『雇用・利子および貨幣の一般理論』塩野谷祐一訳、東洋経済新報社
・スティーブン・ハイマー（1979）『多国籍企業論』宮崎義一訳、岩波書店
・総務省『平成26年経済センサス』
・総務省『事業所・企業統計調査』http://www.stat.go.jp/data/jigyou/2006/
・滝澤沙矢子（2009）『競争機会の確保をめぐる法構造― Standard Oil Co. of California and Standard Stations, Inc. v. United States のアメリカ判例史上における位置づけを手がかりとして』有斐閣
・ダニエル・ピンク（2002）『フリーエージェント社会の到来――組織に雇われない新しい働き方』池村千秋訳、ダイヤモンド社

・中小企業庁『中小企業白書』http://www.chusho.meti.go.jp/pamflet/hakusyo/
・手塚貞治「『選択と集中』は本当に正しいのか?」日本総研ウェブサイト「研究員のココロ」2008年4月7日 https://www.jri.co.jp/page.jsp?id=6937
・徳田秀信(2010)「わが国中小企業の収益性と競争力」『みずほ総研論集』2010年Ⅳ号、みずほ総合研究所
・冨山和彦(2014)『なぜローカル経済から日本は蘇るのか——GとLの経済成長戦略』PHP新書
・中野貴之(2010)「多角化ディスカウントに関する実証研究」『国際会計研究学会年報 2010年度』国際会計研究学会
・日経ビジネス「超巨大化した企業を待つ〝運命〟」2018年7月16日号
・新田敬祐(2008)「株主構成の変容とその影響」『ニッセイ基礎研report.』2008年2月号、ニッセイ基礎研究所
・日本銀行調査統計局(2015)「米国の製造業における1980年代〜90年代の経営改革」『日本銀行調査論文』
・日本経済新聞「複合経営は時代遅れか」2018年4月24日朝刊
・日本経済新聞「NTTドコモ、dポイントで探る『土管』からの脱脚」2017年4月20日 日経電子版
・藤井まり子(2010)「400年ぶりに起きているデフレと長期不況」『アゴラ』http://agora-web.jp/archives/944054.html
・一般社団法人プロフェッショナル&パラレルキャリア・フリーランス協会(2018)『フリーランス白書2018』
・一般社団法人ベンチャーエンタープライズセンター(2018)『ベンチャー白書2017ベンチャーニュース特別版』
・水野和夫(2014)『資本主義の終焉と歴史の危機』集英社新書
・三輪芳朗(1997)『規制緩和は悪夢ですか——「規制緩和すればいいってもんじゃない」と言いたいあなたに』東洋経済新報社
・ランサーズ(2018)『フリーランス実態調査 2018年版』
・ロナルド・コース(1992)『企業・市場・法』宮澤健一、藤垣芳文、後藤晃訳、東洋経済新報社
・The U.S. Small Business Administration "The Small Business Economy" https://www.sba.gov/advocacy/small-business-economy
・Upwork "Freelancing in America:2018 Survey" https://www.upwork.com/i/freelancing-in-america/2018/

著者紹介
松岡真宏 Masahiro Matsuoka
フロンティア・マネジメント代表取締役
東京大学経済学部卒業。外資系証券などで10年以上にわたり流通業界の証券アナリストとして活動。2003年に産業再生機構に入社し、カネボウとダイエーの再生計画を担当し、両社の取締役に就任。2007年より現職。著書に『宅配がなくなる日』（共著、日本経済新聞出版社）、『流通業の「常識」を疑え！』（同）、『時間資本主義の到来』（草思社）ほか多数。

持たざる経営の虚実
日本企業の存亡を分ける正しい外部化・内部化とは？

2019年1月23日　1版1刷

著　者　松岡真宏

発行者　金子　豊
発行所　日本経済新聞出版社
https://www.nikkeibook.com/
東京都千代田区大手町1-3-7　〒100-8066
電話　03-3270-0251（代）

装　丁／竹内雄二
印刷・製本／三松堂
本文組版／キャップス

Printed in Japan　ISBN978-4-532-32244-1